위빠사나문고 옹달샘 8

방황하는 자

묘원

행복한 숲

머 리 글

인간은 태어나는 순간부터 방황합니다. 어리석음을 가지고 태어나기 때문입니다. 어리석으면 탐욕과 성냄이 있어 진실을 보지 못합니다. 어리석으면 내가 있다는 생각으로 자기 마음대로 합니다. 이것이 방황의 원인입니다.

몸과 마음은 있지만 내 몸과 마음이 아닙니다. 몸과 마음은 내가 소유할 수 없고 마음대로 하지 못합니다. 매순간 조건에 의해 일어나고 사라질 뿐입니다. 존재의 진실을 알면 집착이 끊어져 방황하지 않습니다.

인간은 태어날 때 어리석음도 있지만 지혜도 있습니다. 그러나 완전한 지혜가 아니라서 어리석음의 지배를 받습니다. 완전한 지혜가 있으면 다시 태어나지 않습니다. 태어난 것 자체가 어리석음의 지배를 받은 것이라 방황은 불가피합니다.

살아있는 생명 중에 오직 인간만 지혜를 계발할 수 있습니다. 이것이 인간의 특권입니다. 몸과 마음을 있는 그대로 알아차리는 순간 마음이 청정해져 방황이 멈춥니다. 이때의 멈춤은 완전한 멈춤이 아니고 일시적인 멈춤입니다.

대상을 있는 그대로 알아차리면 무상, 고, 무아의 지혜가 나 방황이 완전하게 멈춥니다.

방황은 두려움의 연속입니다. 갈 길을 모르면 삶을 이끌어 갈 수 없습니다. 그래서 습관에 떠밀려서 살아야 합니다. 이때 연기가 회전하고 윤회가 계속되는 방황을 합니다. 지혜가 나면 집착이 끊어져 방황이 끝납니다. 그러면 축적된 성향은 사라지고 스스로 삶을 이끌어갑니다. 이때 연기가 멈추고 윤회가 끝나 방황도 끝납니다.

불확실한 현실에서 어떤 재앙이 닥칠지 몰라 두렵습니다. 오늘의 원인이 내일의 결과를 가져오는 진실을 알면 두렵지 않습니다. 두려움이 있더라도 올 것이 왔다고 알면 두려움이 사라집니다.

이제 두려움에서 벗어나 행복할 수 있습니다. 현재의 마음을 알아차리십시오. 일어나고 꺼지는 호흡을 알아차리십시오. 그러면 마음이 청정해져 방황이 끝납니다. 방황의 끝은 지금 이 순간 경험할 수 있습니다.

묘원 합장

옹달샘 [1]

괴로움의 끝

지혜를 영양으로 삼는 사람은 희망이 있다.
괴로움의 끝이 있기 때문이다.
어리석음을 영양으로 삼는 사람은 희망이 없다.
괴로움의 끝이 없기 때문이다.
지혜가 나면 감각적 욕망이 괴로움이란 사실을 알아 집착을 끊는다.
집착이 끊어지면 다시 태어나지 않아 괴로움이 끝난다.

1. 한순간

시작도 한순간이고 끝도 한순간이다. 한순간이 모여 하루가 되고 한해가 되고 일생이 된다. 한순간은 일어나고 사라진다. 한순간은 일어나서 사라지고 다음 순간이 와서 두 순간 세 순간이 되지만 실재는 한순간이다. 한순간은 연속되지만 진실은 오직 한순간에 있다.

한순간을 알아차리면 한순간이 괴롭지 않고 하루가 괴롭지 않고 한해가 괴롭지 않고 일생이 괴롭지 않다. 한순간을 알아차리지 못하면 한순간이 괴롭고 하루가 괴롭고 한해가 괴롭고 일생이 괴롭다. 괴로움의 시작도 한순간이고 괴로움의 소멸도 한순간이다.

한순간의 진실은 언제나 현재에 있다. 한순간을 확립하려면 지금 여기에 있는 자기 몸과 마음을 알아차려야 한다.

2. 불행하지 않고 행복하게 살려면

몸과 마음은 매순간 일어나고 사라져 무상하므로 매순간이 생일이고 매순간이 새해다. 이처럼 새해는 없지만 새롭게 다짐하는 마음에는 새해가 있다.

새해는 탐욕으로 살지 말고 탐욕 없음으로 살아야 한다. 탐욕이 괴로움이고 탐욕 없음이 즐거움이다. 새해는 성냄으로 살지 말고 성냄 없음으로 살아야 한다. 성냄이 괴로움이고 성냄 없음이 즐거움이다. 새해는 어리석음으로 살지 말고 어리석음 없음으로 살아야 한다. 어리석음이 괴로움이고 어리석음 없음이 즐거움이다.

불행하지 않고 행복하게 살려면 몸과 마음을 있는 그대로 알아차려야 한다. 알아차리면 탐욕 없음이 관용으로 성냄 없음이 자애로 어리석음 없음이 지혜가 되어 행복하다.

3. 방황하는 자

연기는 원인이 있어서 생긴 결과다. 원인은 연기고 결과는 연생이다. 어떤 대상이나 좋아하고 싫어하는 순간에 연기가 회전한다. 연기가 회전하는 것이 윤회다. 윤회하는 생명은 갈 길을 몰라 방황한다.

대상을 있는 그대로 알아차려서 무상, 고, 무아의 지혜가 나면 갈 길을 알아 윤회가 끝난다. 연기가 회전하지 않아 윤회가 끝날 때 방황이 끝난다. 방황은 어리석은 자의 일상이다. 방황하는 자는 어디서 왔는지 모르고 어디로 갈지 모른다.

방황이 끝난 자는 과거의 원인으로부터 현재의 결과로 오고 현재의 원인이 미래의 결과로 가는 것을 알아 다시 태어나는 원인을 만들지 않는다. 방황하는 자는 영원히 괴로움의 사슬에 묶여 산다.

4. 실수

평생 새로운 것을 경험하며 살아서 삶은 실수투성이다. 어릴 때는 몰라서 새로운 것을 배우느라 실수투성이다. 젊을 때는 혈기로 새로운 것을 배우느라 실수투성이다. 나이를 먹으면 새로 늙어가는 것을 배우느라 실수투성이다.

어제의 내가 오늘의 내가 아니다. 어제의 몸과 마음이 오늘의 몸과 마음이 아니다. 어제 한 실수가 오늘 되풀이되는 것은 어제와 오늘이 다르기 때문이다. 이처럼 새로운 것을 경험하는 과정은 언제나 새로운 실수를 하기 마련이다.

평생 실수만 하면서 사는데 과연 언제 실수가 없는 삶을 살 수 있을까? 어리석어서 윤회를 하는 한 영원히 실수를 하며 산다. 지혜가 나서 윤회가 끝날 때라야 비로소 실수도 끝난다.

5. 문제의 답

문제가 있는 곳에 답이 있다. 문제가 없으면 답도 없다. 괴로움이 있는 곳에 즐거움이 있다. 괴로움이 없으면 즐거움도 없다. 모든 문제는 와서 보라고 나타났다. 와서 보지 않고 없애려고 하거나 다른 것을 바라서는 안 된다. 자책한다고 문제가 해결되지 않는다.

모든 것은 생길만해서 생긴 원인과 결과다. 이미 생긴 문제는 세간의 법으로는 해결되지 않는다. 오직 있는 그대로 알아차리는 출세간의 법으로만 해결된다. 있는 그대로 알아차리면 문제를 받아들이는 지혜가 나서 걸림이 없다.

이미 생긴 것은 과거라서 돌이킬 수 없다. 흔적을 지우려고 하지 말고 흔적을 알아차려라. 대상으로 알아차려서 평정을 얻는 것이 문제의 답이다.

6. 괴로움의 끝

지혜를 영양으로 삼는 사람은 희망이 있다. 괴로움의 끝이 있기 때문이다. 어리석음을 영양으로 삼는 사람은 희망이 없다. 괴로움의 끝이 없기 때문이다. 지혜가 나면 감각적 욕망이 괴로움이란 사실을 알아 집착을 끊는다. 집착이 끊어지면 다시 태어나지 않아 괴로움이 끝난다.

어리석으면 감각적 욕망이 괴로움이라는 사실을 몰라 계속 집착한다. 집착을 계속하면 다시 태어나서 괴로움의 끝이 없다.

몸과 마음은 연료고 감각적 욕망에 대한 집착은 불이다. 지혜가 있으면 연료에 불을 붙이지 않아 괴로움의 불이 꺼진다. 어리석으면 연료에 불을 붙여 괴로움의 불이 활활 탄다. 지혜로 감각적 욕망을 끊어야 괴로운 삶의 여정이 끝난다.

7. 말의 사견(邪見)

잘못된 견해로 말하고 행동하면 해로운 업이 되어 나쁜 과보를 받습니다. 내 몸과 마음이라고 하는 유신견, 변하지 않고 항상 하다는 상견, 이번 생으로 끝이라고 하는 단견, 업의 과보가 없다고 원인과 결과를 부정하는 무인견이 모두 잘못된 견해입니다.

초월적 존재가 있어서 선한 말과 행위를 하면 천상에 태어나게 하고, 악한 말과 행위를 하면 지옥에 보낸다는 것도 잘못된 견해입니다. 다른 존재가 내 삶을 결정하지 않고 자신이 한 행위에 따라 합당한 과보를 받습니다.

잘못된 견해를 가지면 현재도 어리석게 살고 미래도 어리석은 세계에 태어나 고통을 겪습니다. 바른 견해를 가지려면 몸과 마음을 알아차려서 지혜를 얻어야 합니다.

8. 말의 유익함

말로 짓는 4가지의 유익한 업이 있습니다. 첫째, 거짓말을 하지 않고 진실한 말을 하거나 때로는 말을 하지 않고 침묵합니다. 둘째, 남을 비방하는 말을 하지 않고 화합하는 말을 하거나 하나가 되어 기쁘게 합니다.

셋째, 험한 말을 하지 않고 공손한 말을 하거나 무슨 말이나 결점이 없는 말을 합니다. 넷째, 경솔한 말을 하지 않고 가치가 있는 말을 하거나 있는 그대로의 사실을 말하고, 법과 계율에 관해 말하고, 시기에 맞고 목표가 있는 말을 합니다.

이상의 유익한 말을 한 과보는 몸과 마음이 평온해져 번뇌가 들어오지 못합니다. 어리석음에서 벗어나 통찰지혜를 얻습니다. 열반을 성취하여 윤회가 끝나는 해탈의 자유를 얻습니다.

9. 말의 해로움

말로 짓는 네 가지 해로운 업이 있습니다. 첫째, 거짓말입니다. 진실이 아닌 말을 하면 상대에게 피해를 줍니다. 거짓말은 사실이 아닌 것을 사실처럼 말하고 사실을 사실이 아닌 것처럼 말합니다.

둘째, 비방입니다. 남을 비방하면 상대가 다른 사람과 멀어집니다. 이간질을 하면 단합이 깨지고 분쟁이 일어납니다. 셋째, 험담입니다. 험담은 화를 내고 상대의 명예를 실추시켜 해를 끼칩니다.

넷째, 경솔한 말입니다. 때와 장소를 가리지 않고 함부로 말하고, 쓸모없는 말을 하고, 법과 계율이 아닌 말을 하고, 기억하지 않아도 될 말을 하면 고통을 줍니다. 해로운 말을 한 과보로 괴로움만 있는 지옥, 축생, 아귀, 아수라의 세계에 태어납니다.

10. 탐욕과 선한 의도

이상을 갖되 탐욕으로 하지마라. 탐욕으로 하면 이상이 성냄이 된다. 목표를 실천하되 탐욕으로 하지마라. 탐욕으로 하면 목표가 어리석음이 된다. 이상을 갖되 선한 의도로 하라. 선한 의도로 하면 지혜가 열린다.

목표를 실천하되 선한 의도로 하라. 선한 의도로 하면 목표가 실현된다. 탐욕에 열정이 있으면 불선업의 가속도가 붙어 빠르게 몰락한다. 선한 의도에 열정이 있으면 선업의 가속도가 붙어 통찰지혜가 나 괴로움뿐인 윤회가 끝난다.

무슨 일이나 바라고 하지마라. 바라는 것이 탐욕이 되어 일을 그르친다. 무슨 일이나 필요해서 하라. 필요해서 하면 선한 의도가 되어 일을 성취한다. 바람 없이 공덕을 짓는 행이 선한 의도다.

11. 평정

몸과 마음을 있는 그대로 알아차리려면 대상을 고찰하는 노력을 해야 한다. 이러한 조건이 충족되면 희열이 오고 차츰 평안과 집중과 평정의 정신적 상태에 이른다. 평정에 이르면 모든 것이 치우침 없이 균형을 이루어 올바르게 인식한다.

파도가 쳐서 출렁거려도 바다 속은 흔들림 없이 고요하듯이 세상의 일이 혼란해도 자신의 내면은 혼란과 두려움이 없다. 남이 흥분을 해서 나를 비난해도 단지 상대의 일로 둔다. 내 마음이 흔들림이 없으면 집착하거나 혐오하지 않고 좋아하거나 싫어하지 않는다.

평정한 마음이 되면 바위처럼 움직이지 않고 그물에 걸리지 않는 바람처럼 걸림이 없다. 이런 마음에서 깨달음의 위대한 꽃이 핀다.

12. 차가움

겨울철에 차가운 것을 만지는 순간 싫어하는 느낌이 일어난다. 싫어하는 느낌은 못마땅해서 화를 내는 것이다. 차가운 것을 만지는 순간 싫어하는 느낌이 일어났을 때 싫어한 것을 알아차리고 다시 손의 감촉을 느끼면 싫어하는 마음이 없어지고 단지 차가운 느낌만 있다.

차가운 느낌만 있는 것은 못마땅한 마음이 없어 화를 내는 것이 아니다. 보통의 경우는 대상과 접촉했을 때 싫어하거나 좋아하는 느낌이 일어난다. 대상을 싫어하면 부정적인 마음으로 인해 괴로움을 겪는다.

대상을 있는 그대로 알아차리면 긍정적인 마음으로 인해 괴로움을 겪지 않는다. 차가운 느낌 때문에 화를 내는 것도 내가 하고, 화를 내지 않는 것도 내가 한다.

13. 참담한 고통

참담한 고통을 겪은 뒤에 지혜가 난 사람은 다시 고통을 겪지 않는다. 참담한 고통을 겪을 때 저항하지 않고 있는 그대로 알아차리면 통찰지혜가 나서 고통을 일으킨 어리석음과 감각적 욕망이 소멸한다.

고통을 겪을 때 고통에 저항하면 분노가 일어나 마음이 고요하지 못하다. 마음이 고요하지 못하면 고통을 일으킨 원인을 발견하지 못해 고통이 끊임없이 되풀이 된다. 자기가 잘못해서 겪는 고통을 피하지 말아야 한다.

고통의 처절함에 괴로워하지 말고 있는 그대로 알아차려서 받아들여야 한다. 그러면 괴로움이 있는 것을 아는 지혜가 난다. 이 지혜가 나면 괴로움의 원인이 집착이라고 알아 괴로움이 소멸한다.

14. 계율은 뗏목이다

공덕이 없으면 깨달음을 얻지 못한다. 공덕은 계율을 지키는 행위로 시작된다. 계율은 거친 번뇌와 중간번뇌와 미세한 번뇌까지 소멸시켜 괴로움을 막는다. 계율은 막아서 보호하는 도덕적인 덕목으로 나와 남을 위험으로부터 보호한다.

어떤 것도 자신을 완전하게 보호하지 못하지만 계율로부터 보호받을 때 가장 안전하다. 계율이 도구가 될 때 청정한 마음의 인도를 받아 궁극의 이치를 깨닫는다. 계율은 목표가 아니고 수단이다.

계율은 피안으로 건너가는 뗏목이지 피안이 아니다. 계율이 방편이 되지 않고 목표가 되면 평화가 없다. 소소한 계율을 집착하여 큰 숲을 불태우는 어리석음을 저질러서는 안 된다.

15. 떠나야 하는 진실

업의 법칙은 항상 정확합니다. 우리는 태어나서 온갖 질병에 신음하느라 편할 날이 없다가 결국에는 늙어서 죽어야 합니다. 마지막에는 사랑하는 사람과 이별하며 눈물을 흘려야 합니다.

죽을 때는 소유한 물건을 그대로 두고 떠나야 합니다. 살면서 쌓은 명예나 영화도 한순간에 물거품처럼 사라지고 맙니다. 이렇게 버릴 수밖에 없는 것을 위해 그토록 목마르게 바라고 서로가 다투며 산 것이 허망한 일입니다. 그래서 사는 것이 괴로움입니다.

이와 같은 구조적인 괴로움을 받아들이지 못해서 괴롭습니다. 태어났으면 언젠가 홀연히 떠나야 하는 진실을 받아들이면 괴롭지 않습니다. 하지만 어리석음과 욕망이 눈을 가려 괴롭게 삽니다.

16. 분노와 관용

피해를 당한 사람은 피해를 입힌 사람에게 복수를 원한다. 자기가 당한 만큼 상대가 당하기를 바라는 것에 그치지 않고 자기보다 더 처절하게 고통 받기를 원한다. 그래서 미워하는 것을 좋아해서 계속 미워한다.

한 개인이, 한 가족이, 한 민족이 한 번의 복수로 그치지 않고 대를 이어 계승한다. 자기가 당한 분노에 복수를 원하는 분노까지 합치면 분노의 불길이 더 커져 제어할 수 없다. 이런 세간의 마음에는 선한 마음이라고는 찾아볼 수 없다.

이런 마음에는 나라고 하는 자아가 있다. 이렇게 사는 사람은 영원히 고통에서 해방되지 못해 불행하다. 당한 분노에 복수하는 분노까지 있으면 윤회하고, 분노가 관용으로 바뀌면 깨달음이다.

17. 미소 짓는 죽음

태어난 생명은 오직 죽음을 향해서 간다. 죽음이 두려운 것은 죽음을 알아차리지 않고 회피하기 때문이다. 감각적 욕망과 어리석음이 눈을 가리면 죽음을 회피한다.

부자나 가난한 자나, 권력자나 힘이 없는 자나, 행복한 자나 불행한 자나, 건강한 자나 병든 자나, 선한 자나 악한 자나 때와 장소를 가리지 않고 예고 없이 죽는다.

어리석은 자는 감각적 욕망을 집착하여 다시 태어나서 또 죽음을 향해서 간다. 지혜가 있는 자는 감각적 욕망을 집착하지 않아 다시 태어나지 않으므로 또 죽을 일이 없다. 진리를 알아 미소 지으며 죽을 때 다시 태어나는 고통이 없다. 미소 짓는 아름다운 죽음과 찡그린 얼굴의 괴로운 죽음이 있다.

18. 가장 큰 선업

인간이 겪는 괴로움은 과거의 불선업으로 인해 생긴 결과다. 불선업이 있으면 장애를 가진 사람으로 태어나고 질병에 시달린다. 미운얼굴로 태어나고 사랑하는 사람과 헤어진다. 가난하고 하는 일마다 실패를 한다. 비난을 받고 비참하게 죽는다.

불선업이 많으면 계속 불선과보를 받지만 선업이 많으면 계속 선과보를 받는다. 불선업이 있지만 선업도 있으면 불선업의 과보를 받다가 선업의 과보로 바뀐다. 병에 걸렸어도 회복이 되고 가난하다 부유하게 산다.

가장 큰 반전은 어리석게 살다가 지혜를 얻어 모든 괴로움에서 해방되는 것이다. 수행을 해서 통찰지혜를 얻어 해탈의 자유를 얻는 것이 불선업을 극복하는 가장 큰 선업이다.

19. 업의 두 가지 교훈

모든 것이 과거의 업 때문에 생긴 결과만은 아니다. 업이란 과거의 육체적 정신적 기질이 현재나 미래에 나타나는 것이지만 반드시 그렇게 된다는 철칙은 아니다. 인간의 삶은 여러 가지 변수가 많으며 그 중에 업이 큰 흐름을 이룰 뿐이다.

과거에 잘못한 불선업이 있어도 선업이 많으면 불선업은 감추어진다. 과거에 선업이 있어도 불선업이 많으면 선업은 감추어진다. 또 업의 법칙 외에 계절의 법칙, 종자의 법칙, 자연의 법칙, 심리적 법칙의 지배를 받아 삶이 바뀔 때도 있다.

업이 주는 교훈은 두 가지로 과거의 원인으로 생긴 현재의 결과를 받아들이고, 현재 새롭게 선한 원인을 만들어 미래에 선한 결과를 만들어서 받자는 뜻이 있다.

20. 번뇌와 소멸

탐욕이 나를 괴롭히고, 성냄이 나를 불태우고, 어리석음이 나를 방황하게 한다. 탐욕은 어리석음 때문에 생기고, 성냄은 탐욕 때문에 생기고, 어리석음은 근본원인이다.

탐욕을 알아차리면 즐거움이 있고, 성냄을 알아차리면 자애가 있고, 어리석음을 알아차리면 자유가 있다.

21. 행복의 기반

밖에서 행복을 구하지 마라. 자기 내면에서 행복을 구해야 한다. 자기 몸과 마음을 알아차려서 생긴 지혜로 행복을 얻어야 한다. 자기 호흡을 알아차려서 생긴 고요함이 행복이다. 고요함으로 인해 무상, 고, 무아를 알아 집착을 끊는 것이 최상의 행복이다.

자기 마음을 알아차려서 생긴 평온과 집중과 평등한 마음이 행복이다. 평등한 마음으로 몸과 마음의 성품을 알아 집착을 끊는 것이 최상의 행복이다.

밖에서 구하는 것은 내 마음대로 되지 않는다. 외부적 조건은 상황에 따라 변하기 마련이라서 행복을 보장할 수 없다. 자기 내면에서 일어난 통찰지혜는 항상 흔들림이 없으므로 언제나 행복을 얻는 확고한 기반이다.

22. 반전

방황이 있어 방황이 끝난 안식이 있다. 방황이 없다면 안식도 없다. 괴로움이 있어 괴로움이 끝난 즐거움이 있다. 괴로움이 없다면 즐거움도 없다. 욕망이 있어 욕망이 끝난 관용이 있다. 욕망이 없다면 관용도 없다.

성냄이 있어 성냄이 끝난 자애가 있다. 성냄이 없다면 자애도 없다. 어리석음이 있어 어리석음이 끝난 지혜가 있다. 어리석음이 없다면 지혜도 없다. 잘못 살아서 잘못 산 날이 끝난 잘사는 날이 있다. 잘못 살지 않았다면 잘사는 날도 없다.

새로운 세계는 저절로 오지 않는다. 어떤 상황이나 있는 그대로 알아차려서 통찰지혜가 나야 새로운 세계가 열린다. 그렇지 않으면 같은 삶이 반복되는 끝없는 윤회를 한다.

23. 기회

기회는 마음먹기라서 매순간 있다. 매순간 좋은 기회도 있고 나쁜 기회도 있다. 좋은 기회도 잘못하면 나쁜 기회가 되고, 나쁜 기회도 잘하면 좋은 기회가 된다. 좋은 기회도 욕망으로 하면 나쁜 기회가 되고, 나쁜 기회도 알아차리면 좋은 기회가 된다.

좋은 기회도 어리석어서 욕망으로 하면 좋은 기회가 사라진다. 나쁜 기회도 알아차려서 지혜로 하면 좋은 기회가 된다. 기회는 항상 오지만 그대로 있지 않고 변한다. 생명이 있는 한 매순간이 기회며 죽을 때가 되어야 마지막 기회다.

기회는 누가 주지 않고 자기가 만든다. 좋은 기회를 선택하여 행복한 것도 자기 마음이 하고, 나쁜 기회를 선택하여 불행한 것도 자기 마음이 한다.

24. 꿈속에서 꾼 꿈

잠을 자다가 기분 나쁜 꿈을 꾼 것으로 인해 괴로워하지 마십시오. 꿈은 사실이 아닌 단지 꿈입니다. 꿈은 의식에 저장된 수많은 기억 중의 하나가 생각으로 떠오른 것입니다. 의식에 깊게 각인된 기억일수록 꿈으로 나타나는 빈도가 잦습니다.

인간이 사는 것은 진실이 아닌 것을 진실로 알고 사는 꿈인데, 다시 꿈속에서 꾼 꿈으로 인해 괴로워할 것 없습니다. 평소에 무수한 망상을 하듯이 꿈도 망상입니다. 망상은 무수히 일어났다가 사라지는 물방울과 같습니다. 다만 꿈은 자면서 생긴 망상일 뿐입니다.

망상을 마치 계시처럼 받아들이는 것은 두려움에 떨면서 살고 있기 때문입니다. 꿈은 망상처럼 알아차릴 대상의 하나입니다.

25. 고통의 진실

자기 고통의 절실함은 자기밖에 모른다. 자기 고통에 대한 관심도 오직 자기뿐이다. 누가 자기 고통을 염려해도 고통의 실재에는 미치지 못한다. 누구도 자기 고통을 대신해 줄 사람이 없다. 자기의 태어남과 죽음을 남이 대신할 수 없듯이 고통도 대신할 수 없다.

고통을 일으킨 원인이 자기라서 고통의 결과를 받는 것도 자기 몫이다. 고통은 어디서 온 것이 아니고 과거에 자기의 잘못된 행위로 인해 생긴 현재의 결과다. 이렇게 생긴 고통은 오직 자기 힘으로 극복해야 한다.

고통을 있는 그대로 알아차리면 고통이 어리석음과 욕망으로 인해 생긴 것이란 지혜가 난다. 이런 고통의 진실을 알 때만이 다시 고통의 원인을 만들지 않는다.

26. 세간과 출세간

나는 때로는 남에 대해 분노하고 세상을 걱정한다. 그러다 그가 몰라서 그랬네, 이해하고 혼란한 세상을 있는 그대로 지켜본다. 내가 남에 대해 분노하고 세상일로 괴로워하는 것은 세간이다. 몰라서 그럴 수밖에 없는 남을 이해하고 괴로운 세상을 받아들이면 출세간이다.

세간은 좋아서 집착하고 싫어서 배척하는 애증이 교차하여 평화로울 날이 없다. 내 힘이 미치지 않는 어쩔 수 없는 세간의 흐름은 받아들여야 한다.

출세간은 있는 그대로 알아차려서 좋아하고 싫어함이 없어 애증이 교차하지 않는다. 출세간은 괴로웠다가도 알아차려서 내 힘으로 행복을 찾는다. 세간이나 출세간이나 모두 일어났다 사라지므로 무엇도 집착할 것이 없다.

27. 살생의 과보

인간이 추구하는 가장 높은 이상은 괴로움이 없는 삶이다. 괴로움이 없는 삶이 행복이다. 행복을 얻으려면 살아있는 생명을 죽여서는 안 된다. 정의라는 이름으로 하는 살생이나, 탐욕과 성냄으로 하는 살생이나 모두 악업이다.

악업의 과보는 현재도 지옥의 마음으로 살고 죽으면 지옥에 태어난다. 어떤 명분으로 하는 살생이건 모두 자기 욕망을 충족시키기 위한 구실이다. 하나의 생명이 다른 생명을 죽일 수 있는 권리는 없다.

지구는 인간이 것이 아니므로 곤충이나 물고기나 동물이나 살아있는 모든 생명은 살 권리가 있다. 어떤 명분도 살생을 한 악업의 과보를 피하지 못한다. 어리석은 자가 욕망으로 한 살생의 과보가 바로 괴로움이다.

28. 양심

어리석은 자는 내 입장만 있고 남의 입장은 없다. 내가 받은 것은 생각하지 않고 베푼 것만 생각하면 나밖에 모르는 자다. 지혜가 있는 자는 내 입장도 있지만 남의 입장도 있다. 내가 받은 것을 감사하게 여기고 베푼 것은 잊어버려야 서로가 함께 있는 자다.

선하지 못한 자는 자기가 선한 자라고 말한다. 선하지 못한 자도 선한 마음을 가지고 있지만 힘이 약해 항상 선하지 못한 마음에 압도된다. 선하지 못한 자는 양심과 수치심이 없어 진실을 말하지 않는다.

선한 자는 자기가 선한 자라고 말하지 않는다. 선한 마음이 있지만 선하지 못한 마음도 있기 때문이다. 선한 자는 양심과 수치심을 가지고 있어 진실을 말한다.

29. 자아

내가 있다는 생각이 있으면 모든 것을 자기 입장에서 생각하고 자기 입장을 우선한다. 자아가 있어서 감각적 욕망이 생기며 모든 갈등과 다툼의 원인을 제공한다.

내 입장만 우선하고 남의 입장을 배려하지 않는 것은 독선이다. 이기적인 독선은 나와 남을 모두 불행하게 한다. 이것보다 더 큰 괴로움을 주는 일은 없다. 내가 없는데도 내가 있다고 생각하는 것보다 더 허망한 꿈은 없다.

내가 있다고 생각하면 꿈속에서 사는 것인데 누구도 꿈인 줄 모르고 산다. 자아가 있다면 모든 것을 내 마음대로 할 수 있어야 한다. 이러한 진실을 알려면 몸과 마음을 있는 그대로 알아차려서 원인과 결과를 아는 지혜가 나야 한다.

30. 정신의 가치

보석으로 치장한 화려함보다 도덕으로 갖추어진 정결함이 더 아름답다. 물질에 현혹되면 정신의 고귀한 향기를 놓친다. 보이는 물질의 가치보다 보이지 않는 정신의 가치가 더 고귀하다.

지혜가 있는 자를 이끄는 것은 물질이 아닌 정신이다. 어리석은 자를 이끄는 것은 정신이 아닌 물질이다. 물질은 정신에 의해 이끌리는 부수적인 요소에 불과하다. 아무리 귀한 물질이라도 정신의 소유일 뿐이다.

최상의 가치를 지닌 물질도 최상의 정신을 가진 자에게는 가치가 없을 수 있다. 하잘 것 없는 물질도 최상의 정신을 가진 자에게는 가장 소중한 보배가 될 수 있다. 정신이 물질의 가치를 결정하지 물질이 정신의 가치를 결정하지 못한다.

31. 계율과 집중과 지혜

무슨 바람이 산과 들을 건너 자유로운 세계로 향하게 하는가? 계율이 바람이 되어 산과 들을 건너 자유로 향한다. 무슨 계단이 고요한 마음의 세계로 향해서 가도록 이끄는가? 집중이 계단이 되어 고요한 마음의 세계로 이끈다.

무슨 문이 다시 태어남이 없는 열반에 이르게 하는가? 지혜가 해탈의 문을 열어 다시 태어남이 없는 열반을 성취한다. 완전한 자유를 얻으려면 팔정도인 계율과 집중과 지혜를 갖추어야 한다.

대상을 있는 그대로 알아차리면 몸과 마음이 청정하여 계율을 지킨다. 계율을 지킬 때 고요한 마음의 집중이 이루어진다. 집중에 의해서 무상, 고, 무아의 지혜가 나면 집착이 끊어져 윤회가 끝나는 도과를 성취한다.

옹달샘

2

원칙

원칙을 너무 강조하는 것은 원칙이 아니다.
원칙이 지나치면 정의라는 이름으로 심판하는 폭력이 될 수 있다.
원칙은 있되 공감할 수 있어야 하고 선택이 자율적이어야 한다.
이것이 원칙이니 무조건 지켜야 한다고 강요하면 원칙의 의미가 상실된다.

32. 시간과 약

시간이 약인 것은 무상이 가져온 결과다. 시간이 지나도 약이 되지 않는 것은 무상을 거부하기 때문이다. 시간이 약인 것은 괴로움이 가져온 결과다. 시간이 지나도 약이 되지 않는 것은 괴로움을 거부하기 때문이다.

시간이 약인 것은 무아가 가져온 결과다. 시간이 지나도 약이 되지 않는 것은 무아를 거부하기 때문이다. 대상을 있는 그대로 알아차리면 약이 되지만 있는 그대로 알아차리지 않고 거부하면 약이 되지 않는다.

세월이 약이 되도록 하려면 어쩔 수 없는 무상을 받아들여야 한다. 어쩔 수 없는 괴로움을 받아들여야 한다. 어쩔 수 없는 무아를 받아들여야 한다. 있는 그대로 받아들이면 지혜고 받아들이지 않으면 어리석음이다.

33. 공덕과 수행

남의 도움을 받은 공덕을 다시 남에게 돌려주려면 자기 몸과 마음을 알아차려야 한다. 몸과 마음을 알아차려서 청정해지면 자기 공덕을 쌓게 되어 도움을 준 자의 공덕까지 증장시킨다.

이 세상에서 자기 마음이 청정해지는 것보다 더 중요한 일이 없다. 세상의 청정은 한 사람의 청정으로부터 시작된다. 한 사람의 청정이 나와 남을 모두 바꾼다. 남의 도움을 받고 아무런 일도 하지 않는 게으른 자는 자기 공덕을 쌓지 못해 남에게 공덕을 돌려주지 못한다.

이것이 수행을 하는 자와 하지 않는 자의 차이다. 누구도 남의 도움 없이는 살지 못한다. 자기가 먹고 입고 자는 것이 모두 남의 도움이므로 자신의 청정으로 남을 돕도록 해야 한다.

34. 자유를 얻으려면

위빠사나는 몸과 마음을 알아차리는 수행이다. 몸과 마음을 알아차릴 때 아무것도 바라지 않고 아무것도 없애려고 하지 않아야 한다. 바라는 것이 탐욕이고 없애려는 것이 성냄이다. 탐욕과 성냄으로 하는 것이 어리석음이다.

탐욕과 성냄과 어리석음 때문에 괴로워서 수행을 하는데 다시 괴로울 일을 되풀이 한다면 수행이 아니다. 대상을 있는 그대로 알아차리면 바라지 않고 없애려고 하지 않아 어리석지 않다.

이 길은 지금까지 가보지 않은 전혀 새로운 길이다. 바라지 않을 때 가장 소중한 진리를 얻는다. 성내지 않을 때 자애로 충만하여 평화롭다. 어리석음이 소멸하고 지혜가 빛나면 완전한 자유를 얻어 괴로움뿐인 윤회가 끝난다.

35. 욕망의 소멸

모든 괴로움은 감각적 욕망을 가지고 있기 때문에 생긴다. 욕망은 아무리 가져도 만족할 수 없어 구조적으로 괴로움을 겪을 수밖에 없다. 감각적 욕망을 소멸시키려면 자기 몸과 마음을 알아차려야 한다.

마음이 밖으로 나가면 외부의 자극을 받아 흔들리므로 내면에 머물러 고요함을 얻어야 한다. 마음이 내면에 머물면 청정해져 속된 것에 물들지 않는다. 비난을 받아도 상대의 성향으로 인정하고 걸림이 없다.

온갖 혼란한 일이 넘쳐나도 단지 세상의 일로 두고 평온을 유지한다. 더러운 곳에 있어도 오염에 물들지 않고 깨끗하다. 어떤 다툼에도 분노하지 않고 의연하다. 자기 몸과 마음을 알아차려서 욕망이 소멸한 자가 성스러운 자다.

36. 원칙

원칙을 너무 강조하는 것은 원칙이 아니다. 원칙이 지나치면 정의라는 이름으로 심판하는 폭력이 될 수 있다. 원칙은 있되 공감할 수 있어야 하고 선택이 자율적이어야 한다. 이것이 원칙이니 무조건 지켜야 한다고 강요하면 원칙의 의미가 상실된다.

원칙이 지나치면 원칙에서 벗어나려는 반발력이 생겨 본질이 상실된다. 강한 것이 쉽게 부러지고 부드러우면 탄력이 있어 쉽게 부러지지 않는다. 모든 원칙은 도덕적 기준으로 설정 되어야 하고 원칙을 지킴으로써 서로에게 이익이 되어야 한다.

도덕적 기준이 바탕이 되지 않고 특정한 자의 이익이 되어서는 안 된다. 바른 원칙은 누구에게나 걸림이 없어야 하고 보편타당해야 한다.

37. 갈 길

갈 길을 아는 자는 눈 밝은 성자다. 갈 길을 모르는 자는 눈 먼 범부다. 갈 길을 아는 자는 사물의 이치를 알아 순리대로 산다. 갈 길을 모르는 자는 사물의 이치를 몰라 순리를 역행한다.

갈 길을 아는 자는 목표가 분명하여 삿된 것에 마음을 빼앗기지 않아 방황하지 않는다. 갈 길을 모르는 자는 목표가 없어 삿된 것에 마음을 빼앗겨 방황한다. 갈 길을 아는 자는 죽음을 받아들여 두려움이 없다. 갈 길을 모르는 자는 죽음을 받아들이지 못해 두렵다.

갈 길을 아는 자는 몸과 마음을 알아차려서 생긴 지혜로 집착을 끊어 윤회가 끝난다. 갈 길을 모르는 자는 몸과 마음을 알아차리지 못해 어리석어서 집착을 끊지 못해 윤회를 한다.

38. 옳고 그름

서로가 자기 것이 옳다고 주장하는 곳에는 평화가 없다. 그러면 옳은 것도 그른 것이 된다. 자기 것만 옳다고 하는 것이 다툼이기 때문이다. 내 것이 옳다고 해서 상대의 것보다 우위를 점하려고 하는 것은 옳지 않다.

상대가 자기 것이 옳다고 주장할 때 그대로 존중하면 자기 것도 존중받는다. 옳다고 주장하는 것이 선하고 도덕적이면 누구의 것이거나 옳다. 하지만 자기의 것만 옳다고 하면 자기 것도 그른 것이 된다.

옳고 그름은 내용도 중요하지만 옳고 그름을 주장하는 자세도 중요하다. 옳고 그름은 사람들의 생각이다. 사람들의 생각은 같을 수가 없다. 서로 다른 생각들을 존중하지 않으면 영원히 옳은 것을 찾지 못한다.

39. 최고보다 최선이

완전하기를 바라거나 최고가 되려는 것은 욕망이다. 이 세상에 완전한 것이나 최고는 없다. 모두 성숙하는 과정을 거쳐 소멸하는 과정만 있다. 그래서 사는 것은 괴로움이다. 괴로움을 소유하는 자아도 없으며 그냥 일어났다 사라지는 것만 연속된다.

완전하기를 바라거나 최고가 되려는 욕망은 가장 어리석은 병이다. 여백이 없고 절대를 추구하는 마음은 자신을 파멸에 이르게 한다. 결과를 기대하지 않고 있는 그대로 알아차려서 무상, 고, 무아의 통찰지혜가 나는 것만이 완전하고 최고의 가치다.

지혜가 아닌 것에서는 완전함과 최고가 없다. 완전함과 최고보다 최선이 불행을 예방한다. 욕망보다 필요해서 하는 것이 행복을 가져온다.

40. 잘못은 법이다

누구나 잘못하면서 산다. 하지만 남의 잘못은 보여도 자신의 잘못은 보이지 않는다. 자기 성찰은 없고 남에 대해 비난만 하면 괴로움이 끊이지 않는다. 자신의 성찰 없이 남에 대해 비판적인 시각을 갖는다면 청정한 마음을 가질 수 없다.

자신의 내면을 알아차려서 잘못을 성찰할 때 남의 잘못에 대해서도 관대한 마음을 갖는다. 나의 성찰이 우선한 뒤에 남을 관대하게 이해할 때 비로소 나와 남이 함께 평화를 이룰 수 있다.

잘못은 후회하거나 비난할 대상이 아니고 알아차릴 법이다. 인간은 잘못을 알아차려서 지혜로 바꾸기 위한 사명을 가지고 태어났다. 존재하는 모든 생명 중에서 인간만 스스로의 삶을 바르게 향상시킬 수 있다.

41. 호기심

호기심이 있어서 발전하고 호기심 때문에 방황한다. 호기심이 바르고 균형이 있으면 새로운 도약이 되지만 호기심이 지나치면 욕망이 되어 꿈만 쫓는 허송세월을 보낸다. 새로운 것에 관심이 없으면 정체되어 퇴보하지만 새로운 것에 관심이 지나쳐도 허황되어 결실이 없다.

호기심이 바르게 발전하려면 절제된 노력을 기울여야 새로운 미래를 연다. 절제되지 않은 노력은 욕망이 되어 어리석음에 눈이 먼다. 호기심이 이익이 되도록 하려면 선한 의도를 가져야 한다.

호기심이 감각적 욕망이 되면 불이익을 가져오며 괴로움의 원인이 된다. 호기심이 없으면 살아도 죽은 자와 같다. 호기심이 있어도 적절하지 않으면 살아도 산 자가 아니다.

42. 바람과 화

바라는 것이 있어서 화를 내고 바라지 않으면 화를 내지 않습니다. 상대가 내 뜻대로 움직이지 않는다고 화를 내지 마십시오. 오히려 상대는 자기 뜻과 다르게 강요한다고 싫어합니다.

남에게 권할 때 좋은 것이라는 명분을 내세우지만 사실은 자기 이익을 위해서 권합니다. 아무런 욕망 없이 권하면 상대가 부정적인 반응을 해도 화를 내지 않습니다. 바라는 것이 있어서 상대의 태도에 대해 싫어하는 마음으로 반응합니다.

무엇이나 바라지 않고 있는 그대로 알아차려야 합니다. 그렇지 않고서는 괴로움에서 벗어나지 못합니다. 누구나 욕망으로 사는 세상에서 오직 있는 그대로 알아차릴 때만이 고요함을 얻어 행복할 수 있습니다.

43. 다름의 존중

인간은 과거에 행위를 한 업이 다르기 때문에 다른 신분으로 태어나서, 다른 성향을 가지고, 다르게 삽니다. 모든 사람들은 저마다 다른 정신을 가지고 있기 때문에 견해가 일치하지 않습니다.

이러한 다름을 존중하는 것이 진실을 아는 것입니다. 그러므로 남이 자기와 같기를 바라서는 안 됩니다. 만약 자기와 같기를 바란다면 이기적 욕망입니다. 다르다는 것이 진실이라면 서로 다른 것에서 조화를 찾아야 합니다.

서로 다름을 존중하려면 가장 가까운 관계부터 시작되어야 합니다. 부부가 다르고 부모와 자식과 형제와 친척과 이웃이 다릅니다. 서로 다른 것을 존중하지 않으면 불화를 겪고, 서로 다른 것을 존중하면 평화를 얻습니다.

44. 과거의 일

과거의 일로 괴로워하지 마십시오. 과거는 이미 지나가서 실재하지 않습니다. 과거의 일은 내가 한 행위가 아닙니다. 그 순간의 마음이 한 행위입니다. 과거나 현재를 소유하는 자아는 없습니다.

순간의 마음이 행위를 하고 순간에 사라졌습니다. 현재 이것을 기억하는 마음만 있습니다. 과거나 현재의 나는 내가 아닙니다. 나라고 하는 것은 부르기 위한 명칭이지 실재하지 않습니다.

수행의 통찰지혜가 나면 무상, 고, 무아를 알아 과거의 일로 괴로워하지 않습니다. 이것이 수행이 주는 최고의 선물입니다. 이 세상에서 통찰지혜보다 더 훌륭한 선물은 없습니다. 행위는 있지만 이것을 소유하는 자아가 없음을 알 때 자유를 얻습니다.

45. 비난과 연민

상대가 내 생각과 다르다고 비난하지 마십시오. 상대가 진실이 아닌 것을 쫓는다고 비난하지 마십시오. 상대가 몰라서 아직 바르게 보지 못하고 있는 것입니다. 몰라서 그런 것은 비난의 대상이 아니고 연민의 대상입니다.

내가 진실을 알아서 판단한다고 해도 자기 수준으로 압니다. 나보다 더 완전하게 진실을 아는 자는 나도 모르는 자로 봅니다. 진실을 아는 자는 남을 비난하지 않고 연민을 보냅니다.

남이 잘못되었다고 비난하면 나도 모르는 자입니다. 남을 비난하는 순간 자기 내면의 평화가 파괴되어 스스로 혼란에 빠집니다. 모든 것을 하나의 과정으로 보고 있는 그대로 알아차리면 채찍대신 온정이 일어나 서로에게 이롭습니다.

46. 몰랐던 시절의 인연

수행자는 과거에 서로가 몰랐던 시절에 만난 인연들에 대해 미련을 가져서는 안 된다. 과거는 지나가고 현재 새로운 시간이 왔음에도 계속해서 과거에 머물면 현재를 사는 것이 아니고 과거를 사는 것이다.

과거에 매달려 살면 현재도 충실하지 못할 뿐만 아니라 미래도 이끌어가지 못한다. 이제 과거의 일은 단지 과거의 일이라고 알고 그냥 흘려보내야 한다. 몰랐을 때 있었던 일을 기억하여 집착하고 산다면 다시 몰랐던 시대로 돌아가려는 어리석음이 지배하고 있다.

과거에도 어리석었는데 현재에도 어리석은 일을 기억하여 집착한다면 아직도 모르는 자로 산다. 모르면 계속해서 괴롭게 살아야 하고 알면 괴로움에서 벗어난다.

47. 괴로움의 소멸

모든 괴로움의 원인인 탐욕, 성냄, 어리석음은 있는 그대로 알아차릴 때만이 소멸된다. 있는 그대로 알아차리는 방법이 아닌 것으로는 산과 같이 높고, 바다와 같이 깊은 괴로움을 소멸시킬 수 없다.

괴로움이 아닌 것을 바라는 것이 새로운 탐욕이 되고, 괴로움을 없애려고 하는 것이 새로운 성냄이 되어 어리석음만 점점 더 커진다. 이것이 나고 죽는 윤회의 순환구조다. 이러한 악순환에서 벗어나는 유일한 길은 있는 그대로 알아차리는 것이다.

불가능을 가능하게 하는 것이 있는 그대로 알아차려서 생긴 지혜다. 무상, 고, 무아의 지혜가 나면 산이 있어도 산이 아닌 하나의 현상이고, 바다가 있어도 바다가 아닌 하나의 현상에 불과하다.

48. 자아와 무아

내가 먹는 것이 아니다. 먹으려는 의도가 있어 입으로 먹는 행위를 하고 침이 분비되어 먹는 결과가 있다. 이때 내가 먹는 것이 아니고 조건의 결합이 먹도록 한다. 여기에 나라고 하는 자아는 없다.

내가 먹는다고 할 때의 나는 부르기 위한 명칭이다. 만약 내가 먹는다면 자아가 있어서 먹는 것이다. 자아가 있다면 내 마음대로 할 수 있어야 한다. 하지만 먹고 싶지 않아도 먹어야 하며, 먹고 싶어도 먹지 못한다.

먹거나 먹지 않는 것은 순간의 마음이 조건에 따라 결정되므로 내 마음대로 되지 않는다. 마음은 있지만 내 마음대로 되지 않는 것이 무아다. 자아나 주인공이 있어서 무엇이나 내 마음대로 할 수 있다는 것은 잘못된 견해다.

49. 정신적 이익

인간의 가장 확실한 신념은 이익이다. 누구나 자기 이익을 위해서 산다. 혈연, 지연, 학연도 자기 이익 앞에서는 힘을 잃는다. 사랑, 종교, 사상, 민족도 모두 자기 이익을 위한 것이다.

이러한 이익을 얻는 것이 나쁜 것이 아니다. 다만 물질적 이익은 완전한 것이 아니라서 탐착해서는 안 된다. 물질적 이익만 추구하면 이기심이 지배하여 어리석음과 욕망에 도취된다. 물질적 이익보다 더 중요한 것은 정신적 이익이다.

정신적 이익은 자기 내면의 고요함을 통해 지혜를 얻는 것이다. 고요함과 지혜를 얻기 위해서는 계율을 지키고 있는 그대로 알아차리는 수행을 해야 한다. 정신적 이익을 얻으려면 물질적 이익을 집착해서는 안 된다.

50. 비난

남을 비난하는 것은 세간의 정서다. 출세간에서는 남을 비난하지 않고 비난하는 자기 마음을 알아차려서 평온을 얻는다. 남을 비난하는 자를 내가 다시 비난해서는 안 된다. 비난하는 자는 자기가 말한 만큼의 과보를 받으므로 내가 단죄해서 구업을 지을 필요가 없다.

비난에 다시 비난으로 맞서는 것이 윤회의 악순환이다. 악은 과보를 받아 선을 이기지 못하므로 남의 잘못에 대해 연민의 마음을 보내야 한다. 세상의 모든 악은 결코 제거할 수 없다.

모든 악을 제거하는 유일한 길은 악을 있는 그대로 알아차려서 물들지 않는 것이다. 어떤 잘못이나 있는 그대로 알아차리는 것이 자신을 구원하고 남을 구원하는 유일한 길이다.

51. 친구

친구라고 해서 모두 친구가 아니다. 같은 견해를 가진 자가 친구다. 서로 모르면서 자랄 때는 친구지만 성장해서 견해가 다르면 친구가 아니다. 지혜가 있으면 어리석은 자를 친구로 삼지 않는다. 어리석으면 지혜가 있는 자를 친구로 삼지 않는다.

친구 때문에 나빠졌다고 하지만 나쁜 친구를 선택한 것은 자신의 마음이다. 친구 때문에 좋아졌다고 하지만 좋은 친구를 선택한 것은 자신의 마음이다. 나쁜 친구를 선택한 것은 자신의 어리석음이다. 좋은 친구를 선택한 것은 자신의 지혜다.

어떤 일이나 자신이 선택하고 자신이 결과를 받는다. 이제 과거의 인연에 얽매여 어리석은 친구를 사귀지 말고 현명한 자를 찾아 친구로 삼아야 한다.

52. 배움

배울 때는 그림이 그려지지 않은 빈 종이처럼 자기가 아는 것을 내세우지 말아야 한다. 밑그림이 그려진 종이에는 새로운 그림을 그릴 수 없다. 토론에서는 자신의 견해를 밝혀야 하겠지만 배움에서는 자기의 견해를 내세우면 안 된다.

배울 때는 자기의 견해를 잠시 유예해야 한다. 자기의 견해를 앞세우면 대상이 가진 본질에 접근하지 못한다. 법을 대할 때는 법의 방식으로 접근해야 진실을 알 수 있다. 비교는 상대에 대한 평가이므로 법을 배우는 바른 방법이 아니다.

자기 알음알이를 가지고 법을 대하면 스스로 배움의 기회를 막는다. 배움에는 자존심이 가장 큰 장벽이다. 선입관이 있으면 있는 그대로 볼 수 없어 진실이 가려진다.

53. 반복

법을 탐구하는 학습의 핵심은 반복이다. 어린아이가 세상을 배울 때 끊임없는 반복을 통해 처음으로 엄마라는 말을 한다. 무지에서 지혜로 가는 새로운 세상은 오직 반복에 의해서 한걸음씩 앞으로 나갈 수 있다.

진리는 자신의 고정관념을 뛰어넘는 새로운 세계다. 진리의 세계가 있어도 누구도 기존의 생각으로는 알기 어렵다. 바른 가르침을 끊임없이 들을 때만이 비로소 조금씩 견해가 열린다. 경전에 있는 무수한 동의어 반복은 마치 물방울이 바위를 뚫는 것과 같다.

수행도 끊임없이 되풀이 되는 행위를 통해 점진적으로 지혜가 계발된다. 반복은 믿음과 노력과 인내에 의해서만 실천될 수 있다. 반복을 싫어하면 법을 얻을 수 없다.

54. 싸워서 얻는 것

가장 진실한 것은 지금 여기에 있는 몸과 마음이다. 몸과 마음을 있는 그대로 알아차리면 무상하고 괴로움이며 무아다. 이러한 성품을 알면 감각적 욕망을 집착하지 않아 평화롭다. 평화로운 자는 이기심이 없어 다투지 않아 행복하다.

하지만 누구도 몸과 마음의 성품을 알지 못해 욕망을 집착하여 평화롭지 못하다. 평화롭지 못하면 이기심이 넘치고 다툼을 좋아한다. 싸우기를 좋아하는 자는 불행하고 불행한 자가 많은 사회는 대립과 증오가 들끓는다.

수많은 생을 살면서 싸우는 일밖에 못했는데 아직도 싸워서 이기려는 생각밖에 없어 인간의 삶은 괴롭고 비참하다. 싸워서 얻는 것은 이익이 아니고 윤회의 절벽으로 떨어지는 고통이다.

55. 마법과 진실

마법의 성에 사는 자는 보고 싶은 대로 본다. 보고 싶은 대로 보는 자는 자아가 있어서 무엇이나 마음대로 한다. 내 마음대로 하는 자는 욕망의 늪에 빠져 괴로움을 즐거움으로 안다. 몸과 마음에 상처가 깊어도 욕망에 도취되어 즐거움만 쫓는다.

어느 날 서리가 내리고 스산한 바람이 불어올 때는 괴로움의 눈물을 흘린다. 진실의 성에 사는 자는 있는 그대로 본다. 있는 그대로 보는 자는 자아가 없어서 무엇이나 순리대로 한다.

있는 그대로 보는 자는 괴로움을 괴로움으로 알고 집착하지 않는다. 즐거움을 괴로움의 원인으로 알고 집착하지 않는다. 어느 날 서리가 내리고 스산한 바람이 불어와도 있는 그대로 알아차려서 괴롭지 않다.

56. 잠재적 성향

잠재적 성향이 선하지 못하면 생각과 말과 행위가 선하지 못한 쪽으로 가도록 길들여져 있다. 선하지 못한 것에 길들여지면 욕을 하면서도 따라가고 싫어하면서도 좋아한다. 선하지 못한 것을 욕하는 것은 선한 마음이 있기 때문이다.

욕을 하면서도 따라가는 것은 선하지 못한 마음이 지배하기 때문이다. 두 가지 잠재적 성향이 있으면 항상 이중적인 마음이 된다. 선한 마음을 키워 선하지 못한 마음에서 벗어나려면 선하지 못한 마음을 있는 그대로 알아차려야 한다.

선하지 못한 마음을 있는 그대로 알아차릴 때만이 선한 마음의 불씨를 살릴 수 있다. 선하지 못한 마음을 있는 그대로 알아차리는 순간에 선한 잠재적 성향이 계발된다.

57. 좋은 일

좋은 일을 하고 바라는 마음이 있다가 돌아오는 것이 없어 화를 내면 좋은 일이 나쁜 일이 된다. 좋은 일을 한 사람은 자기가 한 일을 기억하지만 혜택을 입은 사람은 쉽게 잊어버린다.

설령 자기가 도움을 받은 것을 기억한다고 해도 당연히 받을 것을 받은 것으로 안다. 세간에는 이기적인 자가 많아 자기가 받은 혜택에 대해 감사할 줄 모른다. 좋은 일을 한 과보는 반드시 받지만 언제 어떻게 올지는 아무도 모른다.

좋은 일을 한 것은 선업이지만 좋은 일에 대한 보상을 바라는 마음은 욕망이라서 불선업이다. 아무 바람 없이 하는 좋은 일만이 완전한 선업이다. 좋은 일은 행하는 순간 스스로 만족하는 것으로 그치고 잊어버려야 한다.

58. 인간의 삶

인간은 저마다의 처지에서 오직 자신의 삶을 산다. 선하거나 악하거나, 어리석거나 지혜가 있거나, 행복하거나 불행하거나 모두 자신의 삶을 산다. 이러한 삶은 누구도 개입할 수 없는 자신만의 고유한 일이다.

인간은 태어나서 늙고 병들어 죽는 것은 같지만 삶의 형태는 서로 다르다. 누구나 과거의 행위로 인한 현재의 과보가 달라 가까운 가족조차도 똑같은 삶을 살 수 없다. 업의 과보는 항상 하지 않아 성공과 실패도 영원한 것이 아니다.

이와 같은 인간의 삶은 비교의 대상이 아니다. 오직 자기 위치에서 자신만의 독특한 삶을 영위한다. 그러므로 자신의 삶을 과장해서 치장할 것도 없고, 소외되었다고 위축될 것도 없다.

59. 새로운 말

같은 말을 다시 들을 때 같은 말이 아니다. 같은 내용의 말을 들어도 전에 들을 때의 마음과 새로 들을 때의 마음이 다르다. 말은 관념으로 하는 말과 실재로 하는 말이 있다. 말을 관념으로 들으면 같아 보이지만 말의 실재하는 진실을 알면 매번 다르게 들린다.

관념으로 하는 말을 실재로 들을 때는 지혜가 열린 만큼 새롭게 듣는다. 이처럼 말하고 듣는 마음도 항상 같지 않고, 말의 진실을 받아들이는 지혜도 항상 다르다. 같은 말을 무수히 들어야 조금씩 말귀가 터져 완전한 진실을 향해서 간다.

같은 말을 들을 때 똑같은 말이라고 여기면 지혜의 문을 닫고 듣는다. 같은 말에서 계속 새로움을 찾으면 지혜의 문이 열려 진리를 본다.

60. 옳고 그름

옳다고 주장하는 사람이 많다고 모두 옳은 것이 아니다.
옳다고 주장하는 사람이 소수라고 모두 옳은 것도 아니다.
힘이 있는 자가 주장한다고 해서 모두 옳은 것이 아니다.
힘이 없는 자가 주장한다고 해서 모두 옳은 것도 아니다.

누구나 자기가 살면서 생긴 고정관념으로 판단하기 때문에 옳고 그름의 객관성을 갖기가 어렵다. 고정관념으로 판단할 때는 오직 자신의 이익을 위해서 결론을 내린다. 바르게 옳고 그름을 판단하기 위해서는 먼저 옳고 그름으로 판단하지 말고 그냥 대상을 있는 그대로 알아차려야 한다.

이렇게 해서 생긴 견해에는 내가 없어 대상의 진실에 접근할 수 있다. 그렇지 않으면 나의 옳고 그름에 불과할 뿐이다.

옹 달 샘

[3]

사회운동

소속된 사회에서 자기에게 주어진 임무를 충실하게 하는 것이
사회운동이다. 농부가 밭을 갈아 곡식을 생산하고,
근로자가 생활에 필요한 물건을 만들고,
주부가 가족을 위해 음식을 만들고,
예술가가 창의력을 발휘하여 작품을 하는 것이 모두 사회운동이다.

61. 재난의 극복

자기가 당한 재난이나 남이 당한 재난이나 사회가 당한 재난은 먼저 있는 그대로 알아차린 뒤 원인과 결과로 이해해야 한다. 특히 남의 잘못으로 인해 생긴 부당한 재난일 때는 더욱 그러하다.

모든 원인은 욕망이거나 성냄이거나 어리석음이다. 자기가 당한 재난에는 자기의 어리석음이 있으며 남이 당한 재난에도 남의 어리석음이 있으며 사회가 당한 재난에도 사회의 어리석음이 있다.

이렇게 생긴 재난에 대처하는 방법은 있는 그대로 알아차려서 먼저 자기 마음을 고요하게 하는 것이다. 이것이 모든 문제에 접근하는 가장 합리적인 수행방법이다. 자기를 학대하거나 남을 증오하거나 사회에 항쟁하는 것은 투쟁이라서 수행이 아니다.

62. 노예의 삶

인간의 존엄성을 상실하고 오직 복종만 하면서 조금도 자기 뜻을 펼 수 없다면 노예다. 노예는 노역에서 해방되기를 바라지만 과거에 자기가 지은 업의 과보로 구속을 받기 때문에 쉽게 벗어날 수 없다.

누구나 자기 지위와 생계와 이익에 관한 문제로 불가피 노예 아닌 노예로 순종할 수밖에 없다. 인간이 사는 세상은 항상 이기적인 욕망을 가지고 상대를 핍박하는 강자의 횡포가 있다. 이런 노예생활로부터 벗어날 수 있는 길은 자기에게 주어진 일을 열심히 하는 것이다.

부당함에 저항해서 상대와 투쟁한다고 자유인이 되지 않는다. 인내하며 자기 힘을 키워야 최상의 가치인 자유인이 된다. 자기 마음이 노예가 아니면 이미 노예가 아니다.

63. 음식

음식을 먹을 때 자기 입맛에 길들여진 맛으로 먹으면 관념으로 먹는다. 음식이 가진 있는 그대로의 맛으로 먹으면 실재를 먹는다. 관념으로 먹으면 자기 취향으로 먹어 좋아하거나 싫어하는 마음으로 먹는다. 그래서 입맛에 좋은 음식은 집착하고 싫은 음식은 배척한다.

실재를 먹으면 어떤 음식이나 고유한 맛으로 먹어 좋아하고 싫어하는 마음으로 먹지 않는다. 음식을 좋아하고 싫어하는 마음 없이 먹어야 욕망과 성냄이 일어나지 않는다.

욕망과 성냄으로 먹으면 어리석음으로 먹는다. 그냥 음식 맛으로 먹으면 욕망으로 먹지 않아 깨달음을 향해서 가는 자다. 알아차리면서 먹으면 혀에 욕망의 불이 붙지 않아 바르게 음식을 먹는 자다.

64. 수행자의 길

바른 신념을 가지고 도덕적으로 흔들림 없이 살아도 때로는 모함에 빠져 모든 것을 버리고 괴로움과 슬픔을 겪는다. 선하지 못한 자는 선한 것을 눈에 가시처럼 여겨 온갖 방법으로 무너뜨리려고 한다.

선한 자라고 해서 반드시 선한 결과만 있는 것이 아니다. 과거에 자기가 한 행위로 인해 불선과보를 받으면 자기 의지와 상관없이 질시를 받고 괴로움을 겪기도 한다. 바른 의도를 가졌다고 해서 항상 바른 결과만 있는 것이 아니다.

마음에는 선과 악이 함께 존재하며, 선과보심과 불선과보심이 함께 존재한다. 수행자는 어쩔 수 없는 이런 현실을 알아차려서 청정함을 유지해야 한다. 이것이 고난을 극복하여 해탈로 가는 길이다.

65. 나의 일

세상에는 세상의 일이 있고 남에게는 남의 일이 있고 나에게는 나의 일이 있다. 먼저 나의 일을 하는 것보다 더 중요한 일은 없다. 어떤 경우에나 자기 본분을 지키면 자기를 돕고 더불어 남을 돕고 결국에는 세상을 돕는다.

내가 도덕적일 때 남에게도 도덕적 품성을 보여 귀감이 되며 이런 사람들이 모여 도덕적인 사회가 된다. 세상이 어떻다고 휩쓸리거나 남이 어떻다고 휩쓸리면 나도 함께 휩쓸려 똑같이 혼란을 겪는다.

세상이 어떠하든 남이 어떠하든 내가 해야 할 일을 하면 나와 남과 세상을 구원할 수 있다. 나의 구원이 없는 어떤 구원도 있을 수 없다. 내 일과 남의 일을 구분해서 먼저 내 일을 하는 것이 수행이다.

66. 노력과 과보

노력해서 이루어지는 일도 있고 이루어지지 않는 일도 있다. 노력한다고 모든 것이 전부 성취되지 않는다. 일을 성사시키기 위한 합당한 노력을 해야 한다. 또 원하는 것이 무모하지 않고 실현 가능한 것이어야 한다.

합당한 노력을 하고, 실현 가능한 것일지라도 성취할 수 없는 일이 있다. 모든 생명은 과거에 자기가 한 행위에 대한 과보를 받기 때문에 성취될 일도 되지 않을 수 있다. 성취되지 않을 일도 될 수 있다. 이런 모든 것들을 통 털어서 원인과 결과라고 하며 조건이라고도 한다.

수행자는 선업의 과보가 없어 일이 성취되지 않더라도 계속 노력해야 한다. 없는 선업을 탓하지 않고 계속 노력하면 새로운 선업을 쌓을 수 있다.

67. 바른 가르침

바른 가르침을 완성하려면 먼저 자기 몸과 마음을 알아차려서 고요함을 얻어야 한다. 자기 내면을 알아차리면 최종적으로 무상, 고, 무아의 지혜를 얻는다.

그러면 자연스럽게 괴로움의 원인인 감각적 욕망의 갈애가 소멸되고, 존재를 집착하는 갈애가 소멸되고, 존재를 부정하여 죽으려는 갈애가 소멸된다. 이것이 깨달음이며 열반에 이르러서 얻는 지고의 행복이다.

자기 내면을 통찰하여 지혜를 얻으면 상대에 대한 관용과 자애가 생긴다. 이러한 과정을 거칠 때만이 나와 남이 함께 공존하여 진정한 평화가 이루어진다. 내면을 통찰하지 못하면 아는 것이 한낱 지식에 불과하여 어리석음에서 벗어나지 못해 완전한 자유를 얻지 못한다.

68. 어리석음의 노예

몸과 마음을 알아차려서 지혜를 얻지 못하면 어리석음의 노예로 산다. 자신의 감각적 욕망을 집착하면 욕망의 노예로 산다. 욕망의 노예로 사는 한 영원히 윤회의 고통에서 벗어나지 못한다.

자신의 고정관념에서 벗어나지 못하고 편협한 생각에 빠지면 관념의 노예로 산다. 관념의 노예로 사는 한 영원히 있는 그대로의 진실을 보지 못해 어둠에서 헤맨다. 누가 나를 노예로 만드는가? 자신의 어리석음이 자신을 속박하여 스스로 노예의 길을 걷는다.

노예로 사는 것을 선택하는 것도 자신이고 노예에서 해방되는 것도 자신이다. 인간으로 태어난 사명은 욕망과 관념의 노예에서 해방되어 어리석음의 구속받지 않는 자유를 얻는 것이다.

69. 사회운동

소속된 사회에서 자기에게 주어진 임무를 충실하게 하는 것이 사회운동이다. 농부가 밭을 갈아 곡식을 생산하고, 근로자가 생활에 필요한 물건을 만들고, 주부가 가족을 위해 음식을 만들고, 예술가가 창의력을 발휘하여 작품을 하는 것이 모두 사회운동이다.

수행자가 몸과 마음을 알아차려서 지혜를 얻는 것도 중요한 사회운동이다. 가장 이상적인 사회운동은 모든 사람들이 물질의 생산에만 그치지 않고 정신을 함양하는 것이다.

물질만 있는 사회는 선한 사회가 아니다. 물질은 소모품에 불과한 것으로 정신적 고양이 없으면 아무런 가치가 없다. 지혜만이 탐욕을 관용으로 바꾸고, 성냄을 자애로 바꾸어 행복하게 한다.

70. 괴로움의 소멸

괴로울 때 괴로움을 해결하려면 '괴로움이 있네' 하고 괴로움을 있는 그대로 알아차려야 한다. 괴로움을 해결하기 위해 다른 즐거움을 찾거나 괴로움을 없애려고 하면 결코 해결되지 않는다.

괴로움이 있는 것을 알아차리면 괴로움이 하나의 대상이 되어 즉시 소멸한다. 괴로움을 알아차리는 새로운 마음이 일어나면 있던 괴로움이 자연스럽게 사라진다. 하지만 완전한 지혜가 나지 않는 한 괴로움은 순간적 소멸에 그쳐 다시 나타난다.

그러므로 괴로움이 무의미하게 느껴지는 지혜가 날 때까지 계속 알아차려야 한다. 먼저 괴로움을 알아차리고 다음에 알아차림을 지속시키면 집중의 고요함이 생겨 괴로움의 실체가 없음을 아는 지혜가 난다.

71. 열정의 균형

열정이 지나치면 노력이 지나쳐 욕망으로 한다. 욕망으로 하면 이기심으로 해서 균형을 잃는다. 균형이 무너지면 바른 판단을 하지 못해 그른 것을 옳은 것으로 안다. 이런 자는 매사를 고정관념으로 판단하여 괴로운 결과가 생긴다.

열정이 부족하면 노력이 부족하여 게으름으로 한다. 게으름으로 하면 무관심해서 옳고 그름을 판단하지 못한다. 이런 자는 매사를 어리석음으로 하여 우유부단하고 삿된 견해를 갖는다.

열정이 알맞으면 노력이 알맞아 치우침 없이 적절하게 대처한다. 적절하게 하면 대상을 있는 그대로 알아차려서 법의 성품을 아는 통찰지혜가 난다. 좋은 일도 지나치거나 부족하면 좋지 않고 알맞을 때 좋은 결과가 있다.

72. 괴로움의 진리

누구나 자신이 괴로움에 빠진 것은 알아도 괴로움이 성스러운 진리라는 사실은 모른다. 성스러운 진리란 성자가 되어야 아는 진리다. 괴로울 때 괴로움을 있는 그대로 알아차려서 실재하는 법으로 받아들이면 괴로움의 진리를 안다.

괴로움을 있는 그대로 알아차리지 못하면 관념으로 알아 괴로움의 진리를 모른다. 괴로움에서 벗어날 수 있는 유일한 길은 괴로움을 있는 그대로 알아차리는 것이다. 지금까지 살아온 습관대로 살면서 괴롭지 않으려고만 하면 괴로움에서 벗어나지 못한다.

괴로움을 있는 그대로 알아차려서 지혜가 나야 괴로움에서 벗어난다. 실재하는 것은 세속의 진리고 대상으로 알아차려서 벗어나는 것이 출세간의 진리다.

73. 괴로움의 법

누구나 괴롭지 않은 자가 없다. 태어남이란 어리석음과 욕망이 만든 결과라서 번뇌의 굴레에서 자유로울 수 없다. 하지만 괴로움이 있어 괴로움에서 벗어나는 길을 찾는다. 괴로움이 없으면 괴로움에서 벗어나려는 자각을 하지 못한다.

괴로움은 와서 보라고 나타난 법이다. 괴로움을 법으로 보면 하찮고 실체가 없는 것이다. 이러한 진실을 알면 어리석음과 욕망이 소멸되어 괴로움에서 벗어날 수 있다. 괴로움이 나를 괴롭히기만 하는 것이 아니다.

괴로움을 통해 괴로움의 원인을 발견하면 장애가 스승이 된다. 괴로움의 원인이 욕망을 집착하는 것인지 모르면 괴로움에 당한다. 괴로움의 원인을 알면 욕망을 집착하지 않아 자유를 얻는다.

74. 인간의 한계

인간은 자기가 가진 한계가 있다. 자기의 한계는 과거의 행위로 인해서 생긴 업의 과보가 작용한다. 선한 과보가 많으면 악에 쉽게 물들지 않고 계속 선한 행위를 할 수 있다. 불선 과보가 많으면 선을 행하기 어렵고 계속 불선 행위를 할 수 있다.

그러므로 노력해서 되는 일이 있고 노력해도 되지 않는 일이 있다. 그렇다고 반드시 과보대로 사는 것만은 아니다. 선업이나 불선업의 과보가 많거나 적거나 있는 그대로 알아차리면 새로운 선업을 만든다. 그러면 있던 선과보는 더 증장되고 불선과보 대신 새로운 선과보가 생긴다.

업의 과보대로 살면 자기 한계를 벗어나지 못한다. 알아차려서 새로운 선업을 만들면 자기 한계를 극복한다.

75. 원하는 것

원하는 것을 얻을 수 있는 기회는 준비된 자에게만 온다. 누구에게나 바라는 것을 성취할 수 있는 기회가 오는데 언제 어떻게 올지는 알 수 없다. 자기 일에 충실하면 스스로 기회를 만들고 스스로 결과를 얻는다.

준비가 되지 않은 자에게는 기회가 와도 자기 것이 되지 않는다. 설령 남이 자신에게 기회를 주어도 준비가 되지 않으면 자기 것이 되지 못한다. 준비된 자가 기회를 얻어 원하는 것을 얻었다고 해서 영원히 소유하지 못한다.

모든 것들은 변하기 마련이라서 얻은 것도 영원하지 않다. 또 얻은 것을 완전하게 소유할 자아도 없다. 원하는 것을 얻었다고 기뻐서 자만하지 말고, 얻지 못했다고 괴로워서 자책하지도 말아야 한다.

76. 무아

모든 법의 완성은 무아다. 무상으로 시작된 법은 괴로움의 법을 거쳐 마지막에 무아의 법으로 완성된다. 세간의 법은 자아가 있어 끝없는 윤회를 한다. 출세간의 법은 무아라서 윤회가 끝난다. 괴로움이 있는 세간은 자아가 있다. 괴로움이 소멸한 출세간은 무아다.

내가 있으면 감각적 욕망을 버리지 못해 영원히 어리석음에서 벗어날 수 없다. 내가 없을 때라야 감각적 욕망을 떨치고 집착을 끊을 수 있는 지혜를 얻는다. 내가 있으면 죽지 않기 위해 계속해서 호흡을 할 수 있어야 한다.

허나 내가 없어 때가 되면 죽어야 한다. 몸과 마음은 있지만 원인과 결과에 의해 일어나고 사라질 뿐 자아가 있어서 내 마음대로 할 수 있는 것이 아니다.

77. 괴로움의 출구

지나간 일로 괴로움을 겪을 때 먼저 괴로운 마음을 알아차려야 한다. 그런 뒤 괴로움으로 인해서 생긴 가슴의 느낌이나 호흡을 알아차려야 한다. 거친 느낌을 알아차릴 때 압박감이 있어서 싫더라도 피하지 말아야 한다.

거친 느낌이 중간 느낌으로 다시 고요한 느낌이 될 때까지 계속 알아차려야 한다. 느낌이 고요해지면 괴로운 마음도 함께 고요해진다. 괴로운 일에 마음이 붙잡혀 있는 한 결코 괴로움에서 벗어날 수 없다.

이때 괴로운 일이 아닌 괴로운 마음으로 대상을 바꾸고, 다시 가슴의 느낌이나 호흡으로 대상을 바꾸어야 한다. 지난 일은 이미 결정된 것이라서 바꿀 수 없다. 바꿀 수 없는 것을 붙들고 있는 것은 어리석은 일이다.

78. 죽지 않는 자

지혜가 있는 자는 죽음을 두려워하지 않는다. 태어나서 죽는 현상계의 질서에 귀의하면 죽음을 극복한다. 지혜가 나면 감각적 욕망이 소멸하여 미련 없이 죽음을 맞이할 수 있다.

통찰지혜가 나는 수행을 해서 무상함과 괴로움과 무아를 알면 죽음을 두려워하지 않아 죽어도 죽지 않는 자다. 어리석은 자는 죽음을 두려워한다. 태어나서 죽는 현상계의 질서에 귀의하지 않으면 죽음을 극복하지 못한다.

어리석으면 감각적 욕망을 집착하여 미련 없이 죽음을 맞이할 수 없다. 어리석으면 무상함과 괴로움과 무아를 몰라 죽음을 두려워하기 때문에 죽음을 맞이한다. 어리석음이 지혜로 바뀌면 다시 태어날 원인이 사라져 죽지 않는다.

79. 법

대상을 있는 그대로 보는 것이 법이다. 자기 생각으로 보면 대상의 진실을 알 수 없다. 자기 생각으로 보면 관념으로 본다. 있는 그대로 보는 것이 실재다. 실재하는 것은 지금 여기에 있는 몸과 마음밖에 없다.

현재의 몸과 마음이 아닌 것은 과거나 미래에 대한 상상이다. 상상은 실재하지 않는 생각이라서 궁극의 이치를 깨닫기 어렵다. 오직 몸과 마음을 알아차릴 때 무상, 고, 무아의 법을 볼 수 있다. 바른 법을 보아야 괴로움의 원인인 어리석음과 욕망을 끊어 윤회의 사슬에서 벗어난다.

몸과 마음이 아닌 것에서는 내가 본다는 선입관이 있어 무아의 참된 법을 보지 못한다. 무아를 알 때 욕망에 대한 집착이 끊어져 괴로움이 소멸한다.

80. 내가 안 것

내가 알았다고 해서 완전하게 안 것이 아니다. 단지 내 의식수준에서 안 것이다. 더 이상 다다를 것이 없는 궁극의 이치를 알았을 때 비로소 안 것이다. 그러므로 자기가 아는 것에 지나치게 확신을 가져서는 안 된다.

자기 수준으로 안 것에 마침표를 찍으면 더 이상 발전하지 못하고 교만의 덫에 걸린다. 어설프게 알면 진실을 외면하고 배척한다. 어리석음에서 지혜로 가려면 계속해서 껍질을 벗는 과정이 필요하다.

마지막에 도달하는 경지는 내가 안 것도 아니고 한 순간의 마음이 안 것이라는 지혜다. 알 수 없는 생애동안 쌓아온 관념의 껍질을 벗기려면 용기와 인내가 있어야 한다. 진실을 알려면 나를 버리는 두려움을 이겨내야 한다.

81. 죽음의 두려움

어리석게 사는 자는 죽음이 두렵다. 지혜롭게 사는 자는 죽음이 두렵지 않다. 어리석으면 어디서 와서 어디로 가는지 몰라 죽음의 공포에서 벗어나지 못한다.

지혜가 있으면 과거의 원인이 현재의 결과로 오고, 현재의 원인이 미래의 결과로 가는 것을 알아 죽음의 공포에서 벗어난다. 누구나 예외 없이 과거에 한 행위의 과보로 인해 현재의 생명으로 태어난다. 다시 현재의 행위의 과보로 인해 미래의 생명으로 태어난다.

원인과 결과의 진실을 알면 죽음을 두려워하지 않고 현재하는 일을 알아차린다. 악하게 산 자는 일말의 양심 때문에 죽음이 두렵다. 선하게 산 자는 양심에 거리낄 것이 없어 아무런 두려움 없이 죽음을 맞이한다.

82. 다름의 조화

누구나 얼굴이 다르고 생각과 말과 행동이 다르다. 서로 다른 것은 생명이 가지고 있는 업의 과보 때문이다. 업의 과보는 누군가의 힘으로 결정되지 않는다. 오랫동안 자신이 한 행위에 따른 결과는 바뀌지 않는다.

다름을 존중하지 않으면 진실을 바르게 보지 못하고 오직 자기 견해로 어리석게 본다. 서로 다른 고유함을 존중하지 않으면 함께 공존할 수 없다. 서로의 다름을 받아들이지 못하면 자기 견해와 다른 사람을 미워한다. 또 자기 견해와 같기를 바라는 탐욕이 생긴다.

다름은 비난의 대상이 아닌 존중해야 할 대상이다. 다르기 때문에 상대를 배척하면 자기 파멸에 이른다. 다르지만 받아들여 조화를 이루면 자기 해탈에 이른다.

83. 죽음의 극복

모든 생명은 죽음을 맞이한다. 나도 예외 없이 죽어야 한다. 죽음은 누구에게나 두려움이다. 가장 참혹한 지옥의 생명조차도 죽음을 두려워한다. 지옥보다 더 괴로운 곳이 없는데도 죽음이 두렵다면 죽음은 모든 생명의 공포다.

죽음의 공포에서 벗어나려면 몸과 마음을 알아차려서 존재의 성품을 알아야 한다. 몸과 마음은 항상 하지 않고 무상하다. 이것 자체가 괴로움이며 내 의지대로 되지 않아 무아다. 죽음은 이번 생의 끝이지만 마음에 종자가 있어 다음 생으로 상속되어 다시 태어난다.

생명은 업의 과보에 의해 매순간 태어나고 죽는다. 매순간 태어나고 죽는 무상과, 자아가 없는 무아의 지혜가 나면 죽음의 두려움을 극복한다.

84. 출세간의 진실

세간은 어리석음과 욕망이 지배하는 세계라 거짓이 진실처럼 통용된다. 거짓은 위장하는 힘이 있어 옳아 보이고 진실은 있는 그대로의 실재라서 겉으로 드러나지 않는다. 어리석음은 용맹하여 진실이 아닌 것을 진실처럼 과장한다.

출세간의 지혜는 진실하여 과장하지 않아 늘 소수의 의견으로 남는다. 옳다고 인정하는 숫자가 많다고 전부 진실이 아니다. 어리석은 사람이 사는 세상에서는 어리석은 자의 견해가 항상 우월하다.

옳고 그름이 주관적일 때는 세간의 견해고 객관적일 때만 출세간의 견해다. 있는 그대로 보는 출세간에만 진실이 있다. 진실을 모르고 사는 백년보다 알고 사는 하루가 더 낫다. 진실을 알 때만이 괴로움이 소멸한다.

85. 미움

자기 마음에 들지 않으면 미워한다. 한 번 미워하면 계속 해서 미워한다. 계속 미워하면 미워하는 것을 좋아한다. 미워하는 것을 좋아하면 미워하는 마음이 잠재성향이 되어 자기를 지배한다.

미워하는 마음이 잠재성향이 되면 자애가 없어 스스로 불행을 만든다. 미워하는 것은 성냄이고 미워하는 것을 좋아서 계속하는 것은 탐욕이다. 탐욕과 성냄을 되풀이 하는 것이 어리석음이다.

탐욕과 성냄과 어리석음이 결합하면 악한 마음이 강해져서 악한 행위를 하여 악업의 과보를 받는다. 한 번의 미움이 차츰 습관으로 바뀌면 악한 자가 되어 괴로움 속에서 산다. 이 괴로움은 누가 주는 것이 아니고 자기 어리석음이 만들어 자기가 받는다.

86. 죽을 때의 마음

죽을 때의 마음이 다음 생을 결정한다. 누구나 죽을 때의 마음에 세 가지 표상 중의 하나가 뜬다. 이 표상이 다음 생의 재생연결식이 되어 그 생명으로 태어난다.

첫째, 자기가 일생동안 한 행위 중의 하나가 뜬다. 둘째, 자기가 일생동안 한 행위에 대한 상징적인 표상이 뜬다. 셋째, 태어날 곳의 표상이 뜬다. 새로운 태어남은 과거의 조건으로부터 상속된다. 죽을 때의 마음은 자신이 원한다고 해서 마음대로 가질 수 없다.

죽을 때 어떤 업의 과보가 작용해서 표상으로 나타날지 알 수 없지만 일생의 두드러진 행적이 반영될 것이다. 선했으면 선한 표상이 떠 선하게 태어나 행복하고, 악했으면 악한 표상이 떠 악처에 태어나 고통을 겪는다.

87. 싸움

남을 비난하고 시비를 거는 자는 악한 마음을 가진 자다. 남이 싸우는 것에 흥미를 느끼고 즐기는 자나 남이 파멸하기를 바라고 고통을 겪는 것에 쾌감을 느끼면 악한 마음을 가진 자다.

사소한 일에도 화부터 내면서 싸우려 들거나 남이 몰락하기를 바라는 것은 전쟁이다. 전쟁은 살생이며 자애가 없고 평화를 파괴하는 행위라서 가장 큰 악업에 속한다. 모든 전쟁은 자기 마음으로부터 시작하여 자신을 불태운다.

전쟁의 피해자는 바로 자신이다. 자애로운 마음으로 남을 이해하면 선한 마음을 가진 자다. 선한 마음을 가진 자는 싸움을 즐기지 않고 오히려 악한 자가 몰락하는 것을 동정한다. 어리석음이 싸움을 만들고 지혜가 평화를 만든다.

88. 모르는 마음

나는 당신을 모릅니다. 당신도 나를 모릅니다. 우리는 서로 모르는 채로 삽니다. 내가 보는 것은 당신의 겉모습이라서 당신의 마음을 모릅니다. 당신이 나를 보는 것은 겉모습이라서 나의 마음을 모릅니다. 서로가 보는 것은 겉모습이지 마음은 모릅니다.

나의 마음을 당신만 모르는 것이 아닙니다. 나도 나의 마음을 모릅니다. 당신의 마음을 나만 모르는 것이 아닙니다. 당신도 당신의 마음을 모릅니다. 나나 당신의 마음은 항상 선심과 불선심이 함께 있습니다. 이 마음은 조건에 따라 매순간 다르게 나타납니다.

그러니 누구도 마음을 알 수 없습니다. 가장 확실한 것은 마음은 매순간 변하고 이 마음을 내 마음대로 할 수 없다는 것입니다.

89. 진리의 법

현상계에 있는 모든 것이 법은 아니다. 법은 대상으로 알아차릴 때만 법이다. 대상이 있어도 알아차리지 못하면 법이 아니다. 누구에게나 법이 있는 것이 아니다. 법은 원하는 자에게만 있다. 원하지 않는 자에게는 법이 없다.

진실은 알려고 하는 자에게만 있다. 진실은 알려고 하지 않는 자에게는 없다. 법은 저절로 성숙되지 않는다. 선업의 공덕이 있어야 선한 마음이 일어나 법을 원하는 마음이 생긴다. 선업의 공덕이 있으면 대상을 있는 그대로 알아차려서 법을 본다.

선업의 공덕이 없으면 선하지 못한 마음이 일어나 법을 원하는 마음이 생기지 않는다. 선업의 공덕이 없으면 대상을 있는 그대로 알아차리지 못해 법을 보지 못한다.

90. 나의 괴로움이 아니다

괴로움은 어리석음과 탐욕 때문에 생긴 결과다. 어리석은 마음으로 탐욕을 집착하지 않으면 괴로울 일이 없다. 어리석음과 탐욕은 내가 있다고 생각하기 때문에 일어난다. 괴로움은 하찮고 실체가 없는 것이지만 나의 괴로움이라고 생각하면 감당하기 힘든 고통이 된다.

만약 내가 겪고 있는 괴로운 일이 내 일이 아니고 남의 일이라면 심각하게 괴롭지 않다. 내가 있으면 사소한 일도 크게 생각하여 스스로 괴로움을 키운다.

괴로움을 겪는 마음은 있지만 순간의 마음이다. 순간의 마음은 일어났다 사라지고 끝난다. 일어났다 사라진 마음에 나의 마음은 없고 순간의 연속만 있다. 무상과 무아를 모르면 영원히 괴로움에서 벗어나지 못한다.

91. 죽음은 매듭이다

죽음을 기다리는 자가 있고 죽음에서 벗어난 자가 있다. 누구나 죽지만 허송세월을 보내면 죽음을 기다리는 자다. 할 일을 하면서 살면 죽음에서 벗어난 자다. 죽음을 기다리는 자에게는 죽음이 있고 죽음에서 벗어난 자에게는 죽음이 없다.

죽음을 기다리면 두려움에 떨며 슬프게 산다. 죽음에서 벗어나면 두려움이 없이 편안하게 산다. 어차피 맞이하는 죽음이지만 어리석으면 죽음이 두렵고 지혜가 있으면 죽음이 두렵지 않다.

죽음은 잠을 자는 것과 같다. 죽을 때 마지막 호흡이 멈추는 순간 마음도 멈춘다. 하지만 마음에 담긴 종자가 새로운 마음을 일으켜 새로운 몸을 갖는다. 이렇듯 죽음은 윤회하는 흐름에서 하나의 매듭에 불과하다.

[4]

내가 좋아할 때

내가 좋아한다고 해서 다른 사람까지 좋아하기를 바라지 마라.
자기 한 번의 욕망으로 부족해서 다른 사람까지 좋아하기를 바라는 것은
거듭 욕망을 집착하는 것이다.
내가 좋다고 남까지 끌어들여 공감하기를 바라는 것이
바로 욕망의 실체다.

92. 나의 길

나에게는 나의 길이 있다. 나의 길은 남의 길과 다르다. 나의 길과 남의 길을 비교해서는 안 된다. 마음이 밖으로 나가면 남의 길을 보게 되어 나의 길을 가지 못한다. 마음을 안으로 돌려 오직 나의 길을 가야 한다.

모든 인간은 혼자 태어나서 혼자 살다가 혼자 죽는다. 나의 삶은 오직 나만이 살 수 있다. 내가 아닌 누구도 나의 삶을 살지 못한다. 나의 길과 남의 길을 비교하면 탐욕이 생기거나 성냄이 생긴다.

남의 길에 관심을 가지면 상대를 시기하거나 박탈감을 느낀다. 그러면 결코 자신의 길을 갈 수 없다. 올곧게 나의 길을 갈 때 외롭지 않다. 남의 길을 생각하기 때문에 외롭다. 내가 아닌 누구도 나의 길을 책임지지 않는다.

93. 명예

명예는 누구에게나 소중한 덕목이다. 하지만 명예를 얻으려고 욕망으로 집착하면 불명예를 얻는다. 명예는 자기 의무를 충실히 하고 남을 돕는 도덕적 기준이 충족되었을 때 오는 결과다. 남의 칭송을 바라고 하는 일이나 유명해지기 위해서 하는 일은 참된 명예가 아니다.

모든 가치는 자기 본분을 충실하게 하는 것에서 출발한다. 자기 욕망을 충족하기 위해 시류에 영합해서 명예를 얻었다면 모래위에 쌓은 성이다. 헛된 명예는 자신에게 행복을 주기보다 불행을 가져와 비참한 나락으로 떨어지게 한다.

명예는 사람들로부터 갈채를 받는 자에게 있지 않고 자기 일을 충실히 하는 자에게 있다. 한 인간의 가치가 모여 세상의 가치가 된다.

94. 내면의 행복

밖에서 행복을 구하지 마라. 자기 내면의 고요함에서 행복을 얻어야 한다. 밖에 있는 조건은 끊임없이 변한다. 외부의 조건이 변하면 조건에 의해 생긴 행복도 순식간에 사라진다. 자기 내면의 고요함을 통해서 생긴 지혜로 행복을 얻어야 한다.

외부의 감각대상을 통해서 들어온 행복은 감각적 욕망이지 행복이 아니다. 어리석으면 감각적 욕망을 행복이라고 착각한다. 행복은 금빛 날개를 달고 오지 않는다. 물질에서 행복을 구하지 말고 자기 마음의 청정함에서 행복을 얻어야 한다.

상대의 마음을 사서 행복하려고 하지 마라. 마음은 매순간 끊임없이 변한다. 내 마음도 어쩌지 못하는데 과연 상대의 마음을 내 마음대로 할 수 있겠는가?

95. 내가 좋아할 때

내가 좋아한다고 해서 다른 사람까지 좋아하기를 바라지 마라. 자기 한 번의 욕망으로 부족해서 다른 사람까지 좋아하기를 바라는 것은 거듭 욕망을 집착하는 것이다. 내가 좋다고 남까지 끌어들여 공감하기를 바라는 것이 바로 욕망의 실체다.

나는 좋아하지만 다른 사람은 싫어할 수 있다고 알아야 좋아하는 것도 지나침이 없어 균형이 잡힌다. 좋아하는 것이 지나치면 꿀에 빠져 죽음을 면치 못하는 개미와 같다. 욕망이 거듭되면 자아가 강화되어 더 깊은 고통을 겪는다.

내가 좋아하는 것을 집착하면 남이 좋아하지 않을 때 싫어하게 된다. 자기가 좋아하는 것 때문에 남을 싫어하면 어리석다. 좋아하는 것에도 도덕적 규범이 따라야 한다.

96. 조건의 성숙

자아가 있어서 보는 것이 아닙니다. 감각기관이 감각대상과 접촉할 때 아는 마음이 있어서 봅니다. 여기에 자아는 없고 조건의 성숙만 있습니다. 조건의 성숙이 원인과 결과입니다. 눈을 원인으로 보는 형상이 있습니다. 이때의 눈은 원인이고 형상은 결과입니다.

다시 눈과 형상을 원인으로 아는 마음이 있습니다. 이때의 눈과 형상은 원인이고 아는 마음은 결과입니다. 이처럼 보는 것에는 눈과 형상과 아는 마음이 있어서 보고 압니다. 이것을 지배하는 자아는 없습니다.

그러므로 욕심을 부리고 화를 낼 때 내가 욕심을 부리거나 화를 내는 것이 아닙니다. 단지 욕심을 부리거나 화를 내는 조건이 성숙되어서 그렇다고 알아차려야 합니다.

97. 비밀은 모른다

사람의 마음은 비밀이다. 사람의 신념이나 의지나 지혜도 모두 비밀이다. 완전한 지혜가 나기 전까지는 사람의 진실은 비밀이다. 진실은 항상 드러나 있지만 내가 모르면 알 수 없다.

내가 몰라서 비밀이라면 무엇이 옳고 그른지 알기 어렵다. 알 수 없는 것을 판단하는 것은 단지 추측일 뿐이다. 무엇이 진실인지 모를 때는 옳고 그름으로 결정하지 말고 먼저 있는 그대로 알아차려야 한다.

무엇이나 긍정도 부정도 하지 않고 하나의 현상으로 알아차리면 대상을 통찰하는 지혜가 나서 궁극의 이치를 깨닫는다. 모를 때는 모르는 것을 존중해서 모른다는 사실을 받아들여야 한다. 그렇지 않고 모르는 것을 아는 체하면 영원히 모르고 산다.

98. 잃어버린 마음

마음은 대상을 아는 기능을 한다. 감각기관이 감각대상과 접촉할 때 마음은 있는 그대로 받아들여서 안다. 모양을 볼 때, 소리를 들을 때, 냄새를 맡을 때, 맛을 알 때, 몸이 접촉할 때, 생각할 때마다 마음은 있는 그대로 안다.

어리석으면 마음의 본래의 임무를 잃어버리고 좋아하거나 싫어한다. 어리석으면 탐욕과 성냄을 가지고 대해서 마음의 순수한 기능을 잃어버린다. 마음의 본연의 임무를 잃어버리면 이번 생도 괴롭게 살며 다시 태어나 똑같은 괴로움을 되풀이 한다.

하지만 대상을 있는 그대로 알아차리면 잃어버린 마음의 기능을 회복하여 이번 생도 괴롭지 않게 살며 다시 태어나지 않아 똑같은 괴로움을 되풀이 하지 않는다.

99. 인내

인내가 해탈의 자유로 이끈다. 인내할 때 욕망이 소멸한다. 욕망의 거친 물살에 떠내려가서 다시 태어나는 괴로움을 겪지 않으려면 인내해야 한다. 인내할 때 성냄이 소멸한다. 성냄의 타오르는 불을 꺼서 그간 쌓아온 것들이 모두 잿더미가 되지 않도록 하려면 인내해야 한다.

인내할 때 어리석음이 소멸한다. 인내하면 탐욕이 소멸되고 성냄이 소멸되어 어리석음이 소멸한다. 인내할 때 지혜가 계발된다. 인내하면 참고 견디는 것이 이익이라고 알아 어리석어서 생기는 재앙에서 벗어난다.

인내할 때 자아가 소멸한다. 인내하면 무엇이나 내 마음대로 하지 않게 되어 자아가 있어서 생기는 고난에서 벗어나 평등한 마음으로 열반에 이른다.

100. 고난으로부터의 자유

내가 겪는 고난은 모두 받을 만해서 받은 것이다. 알 수 없는 과거로부터 만들어진 원인이 현재의 고난을 가져왔다. 자기가 겪는 고난의 원인과 결과를 알면 현재의 고난을 겸허하게 받아들여서 괴로움을 극복한다.

현재의 고난을 자각하면 새로운 원인을 만들어 지금 이후에는 괴롭지 않게 살 수 있다. 자기가 만든 원인을 알지 못하면 고난을 극복할 수 없으며 현재는 물론이고 지금 이후에도 괴로움이 계속된다. 고난은 나를 괴롭히기 위해서 나타나지 않았다. 지금 여기에 괴로움이 있으니 와서 보라고 나타난 법이다.

고난을 있는 그대로 알아차리면 하나의 대상일 뿐이다. 고난을 겪지 않는 자 없지만 고난을 극복한 자만 자유를 얻는다.

101. 자아와 무아

궁극의 진리는 무상으로 시작해서 괴로움의 진리를 거쳐 무아로 완성된다. 세간의 법은 자아가 있고 출세간의 법은 무아다. 윤회하는 세계에서는 자아가 있고 윤회가 끝나는 해탈의 세계에서는 무아가 있다.

괴로움이 있는 세계는 자아가 있고 괴로움이 없는 세계는 무아가 있다. 자아가 있는 한 영원히 욕망으로부터 자유로울 수 없다. 무아일 때만 모든 집착을 여의고 열반에 이른다. 모든 법의 기본이 되는 연기법의 원인과 결과도 일어나고 사라지는 연속적 현상만 있지 자아가 없다.

내가 있으면 자신의 몸과 마음에 대해서 마음대로 할 수 있어야 한다. 무아라서 자신의 본질에 대해 할 수 있는 일이 없으며 죽음도 마음대로 할 수 없다.

102. 탐욕

탐욕은 세간의 본능인 재산욕, 성욕, 식욕, 명예욕, 수면욕을 지나치게 집착하는 마음이다. 탐욕은 필요해서 바라는 수준을 넘어 대상에 달라붙어 떨어지지 않는 특성이 있다. 탐욕은 몸과 마음을 병들게 하고 사망하게 하는 독이다.

탐욕은 어리석음과 함께 있어 바르지 못한 것을 바르게 보는 잘못된 견해 때문에 생긴다. 탐욕은 대상이 있어서 일어난다. 여섯 가지 감각기관이 여섯 가지 감각대상과 접촉할 때 내가 소유한다는 마음 때문에 탐욕이 일어난다.

모든 병과 실패의 근원인 탐욕은 오직 내가 없다고 아는 무아로써만 완전하게 치유될 수 있다. 탐욕은 대상을 있는 그대로 알아차려서 마음이 고요해질 때 조금씩 약해진다.

103. 양면성

좋아하는 만큼 싫어한다. 좋아하지 않으면 싫어하지 않는다. 성냄의 원인은 좋아하는 것을 집착하는 것이다. 좋아하고 싫어하는 것은 하나의 마음이다. 좋아할 때 좋아하는 것을 알아차리고 싫어할 때 싫어하는 것을 알아차리면 성냄과 집착이 소멸한다.

바라는 만큼 괴롭다. 바라지 않으면 괴롭지 않다. 고통의 원인은 욕망을 집착하기 때문이다. 바라고 괴로운 것은 하나의 마음이다. 바랄 때 바라는 것을 알아차리고 괴로울 때 괴로운 것을 알아차리면 고통과 욕망이 소멸한다.

원인이 있어서 결과가 생긴다. 원인이 사라지면 결과가 생기지 않는다. 어리석으면 괴로움의 끝이 없어 불행하다. 지혜가 있으면 괴로움의 끝이 있어 행복하다.

104. 믿음과 노력

믿는 구석이 있어 물러서지 않는 용기를 내고, 믿는 구석이 있어 게으름에 빠진다. 믿음은 필요하지만 쓰임에 따라 상반된 결과가 생긴다. 소는 물을 먹고 우유를 만들지만 뱀은 물을 먹고 독을 만든다. 같은 것이라도 사용하기에 따라 이익이 되기도 하고 해가 되기도 한다.

믿음이 이익이 되게 하려면 확신에 찬 노력을 해야 한다. 믿음이 노력과 결합할 때 바른 결과를 얻는다. 믿음에 노력은 이로움을 가져오는 약이다. 믿음이 이익이 되지 못하는 것은 확신에 찬 노력을 하지 않기 때문이다.

믿음에 노력이 없는 것은 해로움을 가져오는 독이다. 지혜가 있으면 믿음이 있으면서 노력을 한다. 어리석으면 믿음만 있지 노력을 하지 않는다.

105. 원하는 마음

원하는 것을 얻었다고 해서 마냥 행복하지만은 않다. 욕망으로 얻은 피로감이 있으면 유쾌하지 못하다. 사실 원하는 것을 얻은 순간의 마음은 기쁘지만 들떠서 고요하지 못하다. 그러므로 원하는 것을 얻고도 편하지 않다.

원하는 것을 얻은 마음은 순간이다. 순간의 마음은 일어났다가 사라지고 즉시 다른 마음이 생긴다. 그래서 얻은 것을 얼마 누리지도 못하고 항상 새로운 시련에 부딪친다. 얻은 것을 만족하는 것도 순간이지만 얻는 순간 더 많은 것을 바라는 욕망이 고개를 들어 항상 아쉬움이 따른다.

또 얻은 것이 사라질까봐 두려운 마음이 생긴다. 이것이 욕망의 속성이다. 욕망을 가지고 얻으면 얻어도 얻은 것이 아니다.

106. 진실한 삶

누구나 저마다의 삶을 산다. 부유한 것도 사는 방법이고 가난한 것도 사는 방법이다. 부유하거나 가난하거나 모두 그렇게 살만해서 산다. 어떤 삶은 가치가 있고 어떤 삶은 가치가 없는 것이 아니다.

사는 것이 모두 가치가 있다. 부유해도 감사할 줄 모르면 윤택한 삶이 아니다. 가난해도 감사할 줄 알면 윤택한 삶이다. 부유하다고 삶의 질이 좋은 것이 아니고 가난하다고 삶의 질이 떨어지는 것이 아니다.

어떤 삶을 살거나 있는 그대로 받아들여서 소중하게 사는 것이 진실한 삶이다. 물질이 풍족해도 마음이 인색하면 가난한 자다. 물질이 부족해도 마음이 관대하면 부유한 자다. 부유하거나 가난한 것은 물질이 아니고 삶을 사는 정신이다.

107. 미워하는 마음

미워하는 것은 화내고 질투하고 인색한 마음이다. 미워하면 분노의 불길을 키워 모든 것을 파괴하고 생명까지 죽인다. 자기 욕망이 충족되지 않아서 미워한다. 과거에는 어리석어서 현재의 나쁜 결과를 가져왔지만 현재는 독단적인 욕망이 다시 나쁜 결과를 가져온다.

미워하면 먼저 자신이 내상을 입고 남에게도 고통을 준다. 미워하는 것보다 더 해로운 마음이 없는데도 어리석으면 계속 미워한다. 미워하는 것을 좋아해서 계속 미워하면 고통이 달아나지 못하게 껴안는 것이다.

어리석으면 미워하는 것으로 자기 정체성을 확립한다. 미워하는 마음은 자기 기분만 있고 남의 자유는 없다. 미워하는 찡그린 얼굴에는 행복이 깃들지 않는다.

108. 시간과 마음

시간이 마음이고 마음이 시간이다. 마음이 있어 시간이 있다. 시간을 아는 마음이 없으면 시간은 존재하지 않는다. 시간은 매순간 일어나서 사라지며 흐른다. 마음도 매순간 일어나서 사라지며 흐른다.

시간은 따로 존재하지 않고 마음과 함께 흐를 때 시간이 된다. 마음은 따로 존재하지 않고 시간과 함께 흐를 때 마음이 된다. 마음은 시간으로부터 나오며 시간은 마음으로부터 나온다. 마음이 시간과 함께 흐를 때 업이 흐른다.

과거의 시간에 담겨져 나오는 마음에 태어남과 현재가 있다. 현재의 시간에서 일어난 마음도 일어난 순간 시간과 함께 사라진다. 시간에 마음이 묻혀 흐르고 마음에 시간이 묻혀 흐르는 것이 무상, 고, 무아다.

109. 마음의 종자

세속의 성공에는 성공하는 마음이 있고 실패에는 실패하는 마음이 있다. 출세간의 완성에는 완성하는 마음이 있고 미완성에는 미완성하는 마음이 있다. 순간의 마음들이 물방울처럼 일어났다가 사라지면서 작은 지혜가 생긴다.

세속의 마음이 모여 지혜를 이루어 차츰 출세간의 완성을 향해서 간다. 내가 가고 있는 이 길은 그냥 오는 것이 아니다. 과거의 마음이 이끌어서 현재의 마음이 온다. 현재의 마음이 이끌어서 미래의 마음으로 간다.

마음은 어디서 오는 것이 아니며 과거의 마음에 담긴 종자가 현재의 마음으로 온다. 현재의 마음에 담긴 종자가 미래의 마음으로 간다. 이런 흐름에는 마음의 종자만 있지 이것을 지배하는 자아는 없다.

110. 진실은 마음에 있다

산은 무엇이라고 부르든 그냥 산이다. 강은 무엇이라고 부르든 그냥 강이다. 사람은 무엇이라고 부르든 그냥 사람이다. 산은 부르기 위한 명칭으로 관념이지 실재가 아니다. 강은 부르기 위한 명칭으로 관념이지 실재가 아니다.

사람은 부르기 위한 명칭으로 관념이지 실재가 아니다. 산의 실재는 내가 산을 보고 받아들여서 아는 마음이다. 강의 실재는 내가 강을 보고 받아들여서 아는 마음이다. 사람의 실재는 내가 사람을 보고 받아들여서 아는 마음이다.

실재는 밖에 있지 않고 대상을 있는 그대로 받아들여서 아는 마음에 있다. 마음이 없으면 산도 없으며 강도 없고 사람도 없다. 진실은 언제나 있는 그대로의 실재를 아는 마음에 있다.

111. 애증

미워하면서 계속 만나고, 싫어하면서 계속 보는 것은 내게 선한 마음과 선하지 못한 마음이 함께 있기 때문이다. 미워하면 만나지 말아야 하지만 마음에는 미워하는 것을 좋아하는 속성이 있어서 만나는 것을 끊기 어렵다.

싫어하면 보지 말아야 하지만 마음에는 싫어하는 것을 좋아하는 속성이 있어서 보는 것을 끊기 어렵다. 내 마음이라면 한번 먹은 마음을 지속할 수 있지만 내 마음이 아니라서 마음대로 못한다.

마음이 변하지 않는다면 한번 먹은 마음을 지속하지만 마음은 매순간 조건에 따라 변해서 같은 마음을 가질 수 없다. 밉거나 싫을 때 그 마음을 알아차리면 다시 만나거나 보지 않고 어쩔 수 없이 끌려가는 마음을 끊을 수 있다.

112. 바른 길

바른 길이 아닌 것에서 이익을 얻으려 하지마라. 바른 길이 아닌 것에서 얻는 이익은 손실이다. 바른 길에서 얻는 이익이 진정한 이익이다. 바른 길이 아닌 것을 가는 마음은 바른 마음이 아니라서 잘못된 것을 이익으로 착각한다.

바른 길일 때만 바른 마음이라서 진정한 이익을 얻는다. 바른 길에서 얻는 이익도 집착해서는 안 된다. 어떤 것이나 집착을 하면 이익이 손실이 된다. 집착은 욕망이라서 아무리 얻어도 만족하지 못하고 항상 갈증을 느낀다.

바른 것이라도 넘치면 독이 된다. 바르지 않은 길은 어리석음이 있고 바른 길은 지혜가 있다. 대상을 있는 그대로 알아차리면 바른 길을 알고, 알아차리지 못하면 바른 길을 알지 못한다.

113. 생명의 조건

성냥을 부딪쳐서 생긴 불은 어디서 오지 않았다. 성냥이라는 원인으로 불이 켜지는 결과가 있다. 성냥불이 바람에 의해 꺼졌을 때 이 불이 어디로 간 것이 아니다. 바람이라는 원인이 있어서 불이 꺼지는 결과가 있다.

이때의 불은 허공의 어디에서 나타난 것이 아니며 허공의 어디로 사라진 것도 아니다. 인간이 태어날 때 어디서 오지 않았다. 과거의 원인으로 현재의 결과가 생겨 태어났다. 인간이 죽어서 어디로 가지 않는다. 호흡이 멈추는 원인이 있어서 죽는 결과가 있다.

내가 있어서 전생으로부터 오고 내생으로 가지 않는다. 오직 원인과 결과에 의한 일어남과 사라짐만 있다. 욕망이 끊어지는 원인이 있으면 태어나는 결과가 없다.

114. 죽을 때의 마음

재산이 많은 사람은 재산을 두고 죽고 가난한 사람은 가난을 두고 죽는다. 명예를 얻은 사람은 명예를 두고 죽고 비난 받는 사람은 비난을 두고 죽는다. 사랑하는 사람도 두고 죽고 미운 사람도 두고 죽는다. 저마다 사는 것은 다르지만 죽는 것은 똑같다.

죽을 때 가지고 가는 것은 없지만 죽는 마음은 영향을 미친다. 죽을 때의 마음이 다음 생을 결정하므로 죽는 마음이 인생의 가치를 결정한다. 부귀영화를 누렸다고 죽을 때의 마음이 고요해서 성공한 것이 아니다.

환난병고로 신음했다고 죽을 때의 마음이 괴로워서 실패한 것이 아니다. 생의 집착을 끊어 다시 태어나지 않으면 승리한 자다. 생의 미련을 갖고 다시 태어나면 패배한 자다.

115. 의도가 가치다

인간은 마음이 이끌어서 산다. 누구나 몸이 있어서 살지만 몸을 이끄는 것은 마음이다. 마음은 등잔의 기름이고, 몸은 등잔이다. 등잔에 기름이 없으면 불을 켤 수 없다. 등잔에 기름이 없어서 불이 꺼지는 것은 살고자하는 의도가 없어서 죽는 것과 같다.

자신을 이끄는 하려는 마음이 의도다. 선한 의도가 있으면 선한 행동을 하고, 선하지 못한 의도가 있으면 선하지 못한 행동을 한다. 자신의 의도는 자신의 가치다. 가치가 있다고 판단할 때 의도가 일어난다.

가치가 없다고 판단하면 의도가 일어나지 않는다. 어리석으면 악한 것에 가치를 느껴 악한 의도를 일으킨다. 통찰지혜가 있으면 선한 것에 가치를 느껴 선한 의도를 일으킨다.

116. 오만

잘난 체하여 방자한 마음이 오만이다. 오만은 내가 있다는 생각에서 나온다. 내가 있다는 생각은 내가 최고라는 생각을 갖게 한다. 내가 최고라는 생각은 내가 아니면 안 된다는 교만에 사로잡히게 한다.

교만은 자기가 아닌 남을 배척하여 혼자만의 세계에 고립된다. 남을 배척하는 마음은 악한 의도다. 악한 의도는 평화가 없고 혼란과 대립만 있다. 모든 잘못의 근원인 어리석음과 욕망을 부추기는 것이 내가 최고라고 하는 오만이다. 오만은 바른 것도 그릇되게 만드는 독선이다.

오만에 눈이 멀면 자기 잘못으로 실패해서 쓰라린 고통을 겪으면서도 남의 탓으로 돌린다. 오만하면 자기도 어쩌지 못하는 괴로움으로 항상 신음하며 지낸다.

117. 원인과 결과

인간은 자신을 성스럽게 하기도 하고 추악하게 하기도 한다. 자신의 행위는 누가 시키는 것이 아니고 오직 자신이 한다. 자신이 한 행위가 원인이 되어 자신이 결과를 받는다. 하지만 행위를 한 자와 결과를 받는 자가 똑같지 않다.

그렇다고 행위를 한 자와 결과를 받는 자가 다르지도 않다. 몸과 마음은 매순간 일어나서 사라지므로 항상 같은 몸과 마음이 아니다. 행위를 할 때의 몸과 마음은 일어나서 사라지고 행위에 대한 결과를 받는 몸과 마음은 다른 몸과 마음이다.

그러나 매순간 생명이 상속되는 것에서는 몸과 마음이 다르지 않다. 이처럼 과거와 현재와 미래가 매순간 같지도 않고 다르지도 않은 것에는 오직 원인과 결과만 있다.

118. 윤회의 강

욕망으로 얻은 것은 얻어도 만족할 수 없다. 얻어도 만족할 수 없는 것은 얻으려 하지마라. 얻어도 만족할 수 없다면 얻어도 얻은 것이 아니다. 어리석으면 욕망으로 얻으려고 하여 얻지 못해서 괴롭고 얻어도 불행하다.

어리석음과 욕망이 눈을 가리면 돌아오지 못하는 윤회의 강을 끝없이 표류한다. 관대함으로 얻은 것은 얻어도 만족할 수 있다. 얻어도 만족할 수 있는 것을 얻어야 한다. 얻어서 만족할 수 있는 것이 비로소 얻은 것이다.

지혜가 있으면 관대함으로 얻으려고 하여 얻지 못해도 괴롭지 않고 얻어도 행복하다. 지혜와 관대함의 눈을 뜨면 사물의 이치를 알아 돌아오지 못하는 윤회의 강을 표류하지 않고 고단한 삶을 마무리 한다.

119. 몸과 마음의 진실

몸은 있다가 떠나면 그만이라서 있어도 있는 것이 아니다. 마음은 있다가 떠나도 면면이 계승되므로 항상 실재한다. 몸이 있어서 마음이 있지만 행복과 불행을 아는 것은 마음이다. 마음을 있는 그대로 알아차려서 계발하는 것이 수행이다.

몸은 장님이고 마음은 앉은뱅이다. 몸은 스스로 볼 수가 없고 마음은 스스로 움직일 수가 없다. 몸은 마음이 있어서 보는 기능을 하고 마음은 몸이 있어서 움직일 수가 있다.

이처럼 몸과 마음이 서로 기능을 해서 살지만 이 세상에 태어나서 사는 것처럼 살려면 몸을 토대로 있는 마음을 계발해야 한다. 보이는 몸에서만 답을 얻으려고 해서는 얻지 못한다. 보이지 않는 마음을 알아차려야 진실을 안다.

120. 괴로움은 법이다

태어났으면 괴롭더라도 살아야 한다. 나만 괴롭게 사는 것이 아니다. 누구나 태어난 이상 두려움과 불안에 떨며 산다. 즐거움이 있지만 잠시 즐거울 뿐 누구나 예외 없이 괴로움을 겪는다.

즐거움도 괴로움이고 심심한 것도 괴로움이다. 괴로움을 이겨내지 못하고 회피하면 더 큰 괴로움을 겪는다. 괴로움을 있는 그대로 알아차리면 괴로움은 알아차릴 대상에 불과하다. 내가 겪는 모든 괴로움은 과거의 어리석음과 욕망으로 인해서 생긴 결과다.

괴로움을 있는 그대로 알아차리면 관용과 자애와 지혜가 생겨 극복할 수 있다. 괴로움은 나의 괴로움이 아니고 와서 보라고 나타난 법이다. 괴로움이 법이 될 때 지혜가 생겨 괴로움이 소멸한다.

121. 지혜의 과정

괴로움을 소멸시키는 지혜는 어느 날 저절로 오지 않는다. 지혜를 얻으려면 처음에 바른 글을 읽거나 바른 말을 들어야 한다. 가보지 않은 새로운 정신세계에 대한 글을 읽거나 들으면 차츰 바른 사유를 한다.

바른 사유가 거듭되면 바른 행위를 하여 최종적으로 통찰지혜가 난다. 바른 행위는 몸과 마음을 있는 그대로 알아차리는 수행이다. 무상, 고, 무아의 통찰지혜가 나면 몸과 마음이 덧없음을 안다. 생존하는 괴로움을 알고 자아가 없음을 알아 감각적 욕망에 대한 집착이 소멸하면 열반에 이른다.

지혜는 단계적 과정의 조건이 성숙되면서 점진적으로 완성된다. 씨를 뿌리고 성장하여 열매를 맺기까지 쉼 없는 노력과 인내를 해야 한다.

[옹달샘 5]

인간의 의무

가족의 구성은 인과응보로 이루어진다.
모든 만남이 그렇듯이 가족도 좋은 인연으로 만나거나
좋지 않은 인연으로 만난다.
누구나 좋은 인연으로 만나서 좋게 산다.
좋은 인연으로 만나서 좋지 않게 산다.
좋지 않은 인연으로 만나서 좋지 않게 산다.
좋지 않은 인연으로 만나서 좋게 산다.

122. 저절로 오지 않는다

누구나 행복하기를 바라지만 행복하지 못하다. 행복은 저절로 오지 않는다. 행복은 선한 마음인 관용과 자애와 지혜가 있어서 온다. 행복을 실현하려면 보시와 지계와 수행을 해야 한다. 보시는 아무 바람 없이 베푸는 것이다.

지계는 도덕적인 규범을 지켜 몸과 마음을 청정하게 하는 것이다. 수행은 대상을 있는 그대로 알아차려서 번뇌에 물들지 않도록 하는 것이다. 누구나 불행하지 않기를 바라지만 불행하다.

불행은 저절로 오지 않는다. 불행은 선하지 못한 마음인 탐욕과 성냄과 어리석음이 있어서 온다. 탐욕과 성냄과 어리석음을 있는 그대로 알아차리면 탐욕 없음과 성냄 없음과 어리석음 없음이 되어 불행에서 벗어나 행복해 진다.

123. 도(道)의 과정

도(道)를 말한다고 해서 완전하게 아는 것이 아니다. 생각으로 아는 도와 완전하게 아는 도가 다르다. 생각으로 아는 도는 도를 말하면서 화를 내고 욕심을 부린다. 완전하게 아는 도는 도를 말하면서 화를 내지 않고 욕심을 부리지 않는다.

도를 말하면서 화를 내고 욕심을 부리면 아직 도를 관념으로 받아들이고 있기 때문이다. 도를 말하면서 화를 내지 않고 욕심을 부리지 않으면 도를 실재로 받아들이고 있기 때문이다.

누구나 생각으로 아는 도의 무수한 과정을 거쳐 차츰 완전하게 아는 도를 향해서 간다. 도를 말하면서 화를 내고 욕심을 부리는 것에 걸려서 자책하지 마라. 단지 완전한 도를 향해서 가는 과정으로 알아차리면 된다.

124. 바른 기준

누구나 저마다의 기준이 있다. 나는 나의 기준으로 옳고 그름을 판단한다. 남도 자기 기준으로 옳고 그름을 판단한다. 서로의 기준은 가치관이라 동일하지 않다. 세간은 가치관이 달라서 항상 다툼이 있다. 세간은 나의 기준만 옳고 남의 기준은 그르다고 여긴다.

출세간은 가치관이 달라도 다툼이 없다. 출세간은 나의 기준이 있지만 남의 기준도 존중한다. 바른 기준은 옳고 그름으로 판단하지 않고 있는 그대로 알아차리며 자기 일을 하는 것이다.

남의 기준을 배척하면 나의 기준이 바르지 못하다. 남의 기준을 존중하면 나의 기준이 바르다. 나의 기준이 옳고 남은 그르다고 해도 상대의 기준을 존중하는 것이 서로에게 유익하고 평화롭다.

125. 네 가지 즐거움

세간을 사는 자에게 네 가지 즐거움이 있다. 소유의 즐거움, 부의 즐거움, 빚 없는 즐거움, 비난받지 않는 즐거움이다. 소유의 즐거움은 열심히 노력해서 정직하게 얻었을 때 누린다. 노력하지 않았거나 정직하게 얻지 못했으면 소유의 즐거움을 누리지 못한다.

부의 즐거움은 열심히 노력해서 남에게 베풀 때 누린다. 부를 얻고도 베풀지 않으면 부의 즐거움을 누리지 못한다. 빚 없는 즐거움은 남에게 크고 작은 빚이 없을 때 누린다. 남에게 은혜를 입고 갚지 못하면 빚 없는 즐거움을 누리지 못한다.

비난받지 않는 즐거움은 자기 생각과 말과 행위가 바를 때 누린다. 자기 말과 행위가 바르지 못하면 비난받지 않는 즐거움을 누리지 못한다.

126. 알아차림의 이익

탐욕을 알아차리면 관용이 생기고 마음이 고요해져 지혜가 난다. 탐욕을 알아차리면 탐욕이 없고, 관용이 생기고, 지혜가 나고, 윤회가 끝나는 여러 가지 이익이 있다.

성냄을 알아차리면 자애가 생기고 마음이 고요해져 지혜가 난다. 성냄을 알아차리면 성냄이 없고, 자애가 생기고, 지혜가 나고, 윤회가 끝나는 여러 가지 이익이 있다.

어리석음을 알아차리면 지혜가 생기고 마음이 고요해져 몸과 마음의 성품을 아는 통찰지혜가 난다. 어리석음을 알아차리면 어리석음이 없고, 대상을 이해하는 지혜가 나고, 무상과 고와 무아의 통찰지혜가 나고, 윤회가 끝나는 여러 가지 이익이 있다. 알아차리기만 하면 모든 번뇌가 소멸하는 이익이 있다.

127. 욕망과 윤회

자기가 관심이 있으면 원하는 것을 얻기 위해 열심히 노력을 한다. 노력을 했기 때문에 끊임없는 관심이 지속된다. 관심이 노력을 하도록 하고 노력이 다시 관심을 지속시킨다. 이때의 관심과 노력에 욕망이 있으면 연기를 회전시켜 순간의 윤회를 한다.

순간의 윤회가 결국에는 다음 생에 다시 태어나는 일생의 윤회를 하게 한다. 인간의 크고 작은 관심이 욕망일 때는 다시 태어나서 괴로움을 겪는 어리석은 행위가 된다. 자신과 가족을 위해서나 국가나 인류를 위해서나 욕망으로 하면 반드시 윤회하는 결과가 온다.

이것이 선한 행위일지라도 윤회하는 결과를 피하지 못한다. 무엇도 바라지 않고 단지 필요해서할 경우에는 윤회가 멈춘다.

128. 위빠사나 수행

대상을 있는 그대로 알아차리는 위빠사나 수행은 어떤 목표나 투쟁을 해서 성취하지 않는다. 수행은 어떤 상황에서도 자기 몸과 마음을 있는 그대로 알아차려서 지혜를 얻는 것으로 성취한다.

자기 내면이 아닌 밖에 있는 대상에서는 문제를 해결할 수 없다. 몸과 마음을 알아차려서 거미줄에 걸리지 않고 통과하는 바람이 되어야 자유를 얻는다. 자기 내면에 있는 욕망과 악한 의도와 게으름과 들뜸과 의심과 싸워서는 안 된다.

이런 마음이 있을 때는 없애려고 하지 말고 단지 있는 그대로 알아차려야 한다. 있는 그대로 알아차릴 때 대상이 분리되어 법의 성품을 아는 지혜가 난다. 지혜가 나면 문제의 본질을 알아 모든 걸림에서 자유롭다.

129. 속수무책

나의 정신과 물질은 나를 위해 존재하지 않는다. 정신과 물질은 저마다의 위치에서 자기 할 일을 한다. 내가 있어서 이것을 마음대로 할 수 없으며 내가 있어서 이것을 소유할 수 없다.

정신과 물질은 원인과 결과에 의해 매순간 일어나고 사라지면서 흘러갈 뿐이지 내가 있어서 마음대로 물줄기를 돌릴 수 없다. 자신을 소유하는 자아가 있다면 몸과 마음이 늙고 죽는 무상과 혹독한 괴로움을 멈출 수 있어야 한다.

자아가 없기 때문에 욕심을 부리는 나를, 화를 내는 나를, 어리석은 나를 속수무책으로 지켜볼 수밖에 없다. 이것이 세간의 슬픈 현실이다. 대상을 있는 그대로 알아차리는 출세간은 스스로를 이끌어 모든 속박에서 벗어난다.

130. 일의 수혜

내가 남을 위해 일할 때 가장 먼저 수혜를 받는 것은 자기 자신이다. 남을 위해 일하더라도 아무것도 바라지 않고 하면 더 큰 수혜가 따른다. 자기가 누군가를 위해 일을 하지만 사실은 무슨 일인가를 한다는 것에 의미가 있다.

무슨 일을 한다는 것은 게으름에서 벗어나 활력이 있는 삶을 살 수 있는 기회다. 일을 하면 스스로 만족한다. 이때 바라는 마음이 없으면 일을 한 결과에 대해 만족할 수 있다.

바라는 마음으로 일하면 일을 하면서도 만족할 수 없으며 결과에 대한 기대로 반쪽짜리 공덕이 된다. 남을 돕는 마음은 선한 마음으로 공덕을 쌓는 일이다. 모든 일에 덕이 바탕이 되지 않으면 견고한 도를 쌓을 수 없다.

131. 행복과 불행

행복은 있지만 행복한 자는 없다. 행복을 아는 마음은 있지만 행복을 소유하는 자아는 없다. 마음은 매순간 일어나서 사라진다. 마음이 행복을 아는 순간 마음이 바뀌어 행복이 사라진다. 사라진 행복은 실재가 아니다. 일어났다가 사라지는 행복은 불행을 가져오는 원인이다.

불행은 있지만 불행한 자는 없다. 불행을 아는 마음은 있지만 불행을 소유하는 자아는 없다. 마음은 매순간 일어나서 사라진다. 마음이 불행을 아는 순간 마음이 바뀌어 불행이 사라진다. 사라진 불행은 실재가 아니다. 일어났다가 사라지는 불행은 행복을 가져오는 원인이다.

행복과 불행은 매순간 변하는 느낌이다. 이 느낌은 감각기관이 느낄 뿐 나의 느낌이 아니다.

132. 투쟁

투쟁하지 마십시오. 크고 작은 투쟁은 크고 작은 전쟁입니다. 전쟁은 모든 것을 파괴하는 살생입니다. 미워하는 것도 마음으로 죽이는 살생입니다. 투쟁하면 지성이 나약해지고 심성이 사나워져 자기만 손해고 이익이 없습니다.

투쟁은 나만 옳다는 주장입니다. 상대가 어리석어서 그런 것까지 맞서서 싸운다면 나도 어리석기는 마찬가지입니다. 서로의 이익과 해로움이 얽혀있어서 어쩔 수 없다는 것은 내 판단입니다. 서로 이해가 얽혀있는 것을 극복하는 것이 참된 일입니다.

아는 자는 투쟁하지 않습니다. 투쟁하는 것을 좋아하여 계속 투쟁하는 것이 가장 어리석은 일입니다. 투쟁할 때 나의 마음은 추악하며 얼굴은 일그러져 흉악합니다.

133. 인간의 의무

가족의 구성은 인과응보로 이루어진다. 모든 만남이 그렇듯이 가족도 좋은 인연으로 만나거나 좋지 않은 인연으로 만난다. 누구나 좋은 인연으로 만나서 좋게 산다. 좋은 인연으로 만나서 좋지 않게 산다. 좋지 않은 인연으로 만나서 좋지 않게 산다. 좋지 않은 인연으로 만나서 좋게 산다.

가족의 만남은 과거의 업으로 만난 인연이라 내가 어떻게 할 수 없다. 그렇다고 어떻게 할 수 없는 것이라고 그대로 받아들여만 하는 것은 아니다.

먼저 과거의 원인으로 인해서 생긴 현재의 결과는 그대로 받아들여야 한다. 다시 좋지 않은 인연은 새로 좋은 인연으로 만들어야 한다. 이것이 인간이 해야 할 의무다. 남의 허물이 있으면 내 허물도 있다.

134. 부모님의 은혜와 빚

아무리 갚아도 갚을 수 없는 은혜가 있다. 나를 낳아준 부모님의 은혜는 아무리 갚아도 다 갚을 수 없다. 나는 항상 부모님께 갚아야 할 빚이 있다. 부모님이 나를 낳아준 은혜와 내가 태어나서 부모님으로부터 보살핌을 받은 은혜는 서로 다르다.

부모님이 나를 낳아준 은혜 하나만으로도 내가 효도해야 할 의무는 변함이 없다. 내가 태어난 이후 부모님이 내게 잘하거나 잘못한 행위는 부모님의 업이라서 내가 지켜야 할 기본적인 의무와는 별개다.

두 가지 진실이 서로 다르다는 것을 모르면 부모님을 싫어하는 마음이 있을 때 내가 지켜야 할 은혜를 망각할 수 있다. 부모님께 갚지 못한 빚은 내가 훌륭한 사람이 되는 것으로 갚아야 한다.

135. 싸움과 윤회

싸움은 자기 마음을 절제하지 못해서 자신의 몸과 마음을 불태우는 행위다. 싸움은 나만 있고 남이 없으며 분쟁만 있고 평화가 없으며 분노만 있고 사랑이 없다. 정의라는 이름으로 하는 모든 싸움은 자기 이익을 추구하기 위한 것이다.

싸움은 탐욕과 성냄과 어리석은 마음으로 하는 것이라서 결코 정의가 아니다. 싸워서 얻는 것은 승리가 아니고 패배다. 싸우면 욕망과 악한 의도를 일으킨 과보를 받아 반드시 윤회한다.

인간이 하는 일의 패착 중에 가장 큰 패착은 다시 태어나서 괴로움을 겪는 것이다. 모든 작용에는 항상 반작용이 따르기 때문에 작용한 만큼의 과보를 받아 다시 태어난다. 싸우는 작용이 없으면 태어나는 반작용이 없다.

136. 만나기 싫은 사람

사람 사는 것이 즐거움도 있지만 괴로움이 더 많다. 왜냐하면 즐거움이 괴로움으로 바뀌기 때문이다. 누구나 즐겁기를 바라지만 항상 즐거울 수 없어 괴롭다. 바라는 것을 얻지 못해서 괴롭지만 바라지 않는 것을 얻어도 괴롭다.

그 중에 만나기 싫은 사람을 만나야 하는 괴로움이 있다. 하지만 세상을 살려면 만나고 싶은 사람만 만나면서 살 수 없다. 이것에 대한 해답은 업의 과보에서 찾아야 한다. 사람들은 저마다의 행위를 해서 저마다의 축적된 성향을 가지고 있어 결코 같은 사람이 없다.

내가 좋아하는 사람만 만나기를 바라는 것은 이기적인 마음이다. 만나기 싫은 사람을 만나 괴로울 때 인간에 대한 집착을 끊을 수 있어야 한다.

137. 화

화는 탐욕이 있어서 낸다. 탐욕은 내가 있다는 어리석음이 있어서 일어난다. 화 하나에 탐욕과 어리석음이 함께 있어 남을 시기하고 죽인다. 화를 내는 것은 폭력이며 자기를 더럽히는 천박한 행위다.

화는 열등감과 두려움 있어도 낸다. 화는 의식의 표면층에 있어 쉽게 나타난다. 탐욕은 의식의 중간층에 있어 감추어져 있다. 어리석음은 의식의 깊은 층에 있어 알기 어렵다. 지혜가 나야 어리석은지 알 수 있다.

화가 날 때는 화난 마음을 알아차리고 가슴의 느낌과 호흡을 알아차려야 한다. 화를 알아차려 일시적으로 가라앉으면 탐욕이 줄어들고, 탐욕이 줄어들면 어리석음이 줄어든다. 화를 내면 자기 몸과 마음을 불태워 스스로 몰락한다.

138. 괴로움의 소멸

괴로운 마음을 알아차리면 괴로움은 순간에 사라진다. 괴로운 마음을 알아차리는 순간의 마음이 새로 일어났기 때문이다. 알아차리는 힘이 약해지거나 지속되지 않으면 사라진 괴로움이 다시 나타난다.

괴로움을 일으킨 마음은 평생을 두고 키워온 잠재의식이다. 한번 알아차렸다고 해서 괴로움이 완전하게 소멸하지 않는다. 괴로움을 완전하게 소멸시키려면 완전한 통찰지혜가 나야 한다.

통찰지혜가 나려면 괴로움을 있는 그대로 알아차려서 마음이 고요해져야 한다. 그러면 단계적 과정의 지혜가 성숙하여 번뇌를 소멸시키는 무상, 고, 무아의 통찰지혜를 얻는다. 괴로움의 소멸은 괴로운 몸과 마음을 알아차려서 통찰지혜를 얻을 때 온다.

139. 감성과 이성

누구나 감성적인 성향과 이성적인 성향을 함께 가지고 있다. 감성과 이성의 균형이 무너지고 어느 한쪽이 지나치게 강할 때는 바른 판단을 하지 못해 잘못된 행동을 하기 쉽다. 감성이 많고 이성이 부족하면 정에 빠져 바른 삶을 살기 어렵다.

정에 치우치면 자기가 해야 할 일보다 남에 대한 관심이 더 많아 불필요한 일을 만든다. 필요이상으로 남의 일에 개입하면 반드시 고통스러운 결과가 생긴다. 감성을 너무 소모하면 마음이 황폐화되어 극단적인 선택을 한다.

감성이 적고 이성이 많아도 메마른 마음을 갖기 쉽다. 대상을 이성적인 잣대로 판단하는 것은 지혜이나 감성이 결핍되면 관용과 자애가 메말라 따뜻함과 부드러움을 잃기 쉽다.

140. 성자와 범부

성자는 욕망이 소멸하여 선한 말과 행위가 일치한다. 범부는 욕망이 있어 선한 말과 행위가 일치하지 않는다. 범부의 선한 말은 그렇게 되고자 하는 바람이다. 성자는 지혜가 완성된 자고 범부는 완성을 향해서 가는 자다. 지혜가 완성이 되지 않은 범부에게 완벽을 기대할 수 없다.

범부도 두 부류가 있다. 어리석음에서 지혜를 향해서 가는 자와 가지 않는 자가 있다. 어리석음에서 지혜를 향해서 가는 자는 실수를 해도 알아차려서 정신을 고양시킨다.

어리석음에서 지혜를 향해서 가지 않는 자는 실수를 해도 알아차리지 못해 정신이 고양되지 않는다. 알아차림 하나가 윤회가 끝나는 즐거운 결과를 만들거나 윤회하는 괴로운 결과를 만든다.

141. 비난

선하지 못한 자는 남을 비난하고 모함하거나 화를 내는 것에서 감각적 즐거움을 느낀다. 남에게 모멸감을 줄 때는 자기 정체성이 확립되어 우월적 지위를 즐긴다. 이런 즐거움은 자기 몸과 마음을 파멸에 이르게 하는 독이다.

남을 깎아내려서 자기만족을 취하면 교만해지고 남으로부터 지탄을 받는다. 어떤 행위를 하거나 자기가 한 행위는 그대로 자기가 과보를 받는다. 내가 남을 비난하면 그대로 내가 남으로부터 비난을 받는다.

자신의 감각적 욕망을 위해 남을 습관적으로 비난하는 것처럼 어리석은 일이 없다. 남이 나를 비난할 때 비난하는 말은 나의 것이 아니고 남의 것이다. 남의 비난을 받아들여 똑같이 비난하는 것 또한 어리석다.

142. 마음의 찌꺼기

좋지 않은 기억은 마음의 찌꺼기로 남아 괴로움을 준다. 과거에 행했던 좋지 않은 기억으로 인해 겪는 괴로움은 내가 일으킨 원인으로 인해 생긴 결과다. 누구도 자기 마음에 남겨진 잔재 때문에 겪는 괴로움을 피할 수 없다.

결코 피할 수 없는 인과응보라면 하나의 대상으로 알아차려야 한다. 대상을 있는 그대로 알아차리면 이 과보가 나의 것이 아닌 단지 감각기관이 경험하는 것일 뿐이라고 아는 지혜가 난다. 지혜가 나면 마음의 찌꺼기가 마음의 영양으로 바뀐다.

알아차리면 이미 만들어진 과보는 받아들이게 되고 새롭게 청정한 원인을 만들어 괴로움을 극복한다. 알아차려서 해로움을 이로움으로 바꾸는 것보다 더 중요한 일은 없다.

143. 무아

누가 아는가? 내가 아는 것이 아니고 감각기관이 안다. 누가 보는가? 내가 보는 것이 아니고 눈이라는 감각기관이, 감각대상을, 빛에 의해서, 아는 마음이 본다. 네 가지 조건이 결합하여 보는 것이 성립된다.

네 가지 조건 중에 하나라도 없으면 보는 것이 성립될 수 없다. 여기에 자아는 없고 오직 조건의 결합만 있다. 나와 너는 서로를 구별하기 위해서 부르는 명칭이다. 부르기 위한 명칭을 오랫동안 사용하면 실재하는 내가 있는 것처럼 잘못된 생각을 한다.

내가 있다면 내 몸과 마음을 마음대로 할 수 있어야 한다. 내 몸과 마음을 소유하는 자아는 없다. 무아라서 내가 아파도 어쩌지 못하며, 죽을 때 계속해서 숨을 쉬도록 할 수 없다.

144. 마음의 흐름

마음은 매순간 끊임없이 흐른다. 마음이 흐를 때 생각이 흐르고 연기가 흐르고 윤회가 흐른다. 마음이 흐를 때 걱정이 흐르고 두려움이 흐르고 괴로움이 흐른다. 마음이 흐를 때 기쁨이 흐르고 사랑이 흐르고 행복이 흐른다.

마음이 흐를 때 시간이 흐른다. 미래가 현재가 되고 현재가 과거가 된다. 매순간 흐르는 마음은 조건에 따라 변한다. 괴로움이 흐르다 즐거움이 되고 즐거움이 흐르다 괴로움이 된다. 마음은 속절없이 바람처럼 강물처럼 흐른다.

죽을 때 마음이 일어났다가 사라지면 종말을 맞이한다. 하지만 마음의 종자가 다음 마음에 전해져 새로운 마음이 흐른다. 욕망이 소멸하여 마음의 종자가 사라질 때 마음의 흐름이 멈춘다.

145. 다른 흐름

내 마음이 흐르면 나의 삶이 흐른다. 내 마음이 흐르면 남의 마음도 흐르고 남의 삶도 흐른다. 내 마음이 흐르면 내 연기가 흐르고 내 윤회가 흐른다. 내 마음이 흐르면 남의 연기도 흐르고 남의 윤회도 흐른다.

인간의 마음은 큰 흐름 안에서 동일한 범주 안에 있다. 작은 흐름 안에서는 선심과 불선심이 다르고 선한 과보심과 선하지 못한 과보심이 다르다. 인간의 마음이라는 것은 같지만 마음이 흐르는 종류는 다양하다.

지금까지 살아온 업이 달라 서로 다른 마음이 흐를 수밖에 없다. 인간이 서로 다른 마음으로 다른 생각을 하고 다른 행동을 하는 것은 존중되어야 한다. 서로의 마음이 다름을 존중할 때 진리를 발견하여 자유를 얻는다.

146. 진실한 동반자

내가 슬퍼서 눈물을 흘릴 때 눈물을 닦아줄 사람은 아무도 없다. 오직 있는 그대로의 법이 나의 눈물을 닦아준다. 내가 기뻐서 웃을 때 함께 기뻐해줄 사람은 아무도 없다. 오직 있는 그대로의 법이 나의 웃음을 함께 기뻐해준다.

누구나 자기의 이익을 위해 살기 때문에 남의 슬픔을 동정하거나 남의 기쁨을 함께 나누지 못한다. 누군가가 나의 눈물을 닦아준다고 해도 나의 슬픔을 모두 알지 못한다. 누군가가 나의 기쁨을 함께 기뻐한다 해도 나의 기쁨을 모두 알지 못한다.

있는 그대로의 법을 만나려면 슬플 때 슬픈 것을 알아차리고 기쁠 때 기쁜 것을 알아차려야 한다. 오직 자기 몸과 마음을 알아차려서 얻는 법이 나의 진실한 동반자다.

147. 욕망은 극단이다

목숨을 걸고 하지 마라. 죽음을 담보로 하는 것은 욕망이며 극단이다. 욕망과 극단으로 하는 일은 성과를 얻어도 얻은 것이 아니다. 집착을 하면 집착한 만큼의 고통이 따른다. 아무리 중요해도 가장 소중한 생명을 담보로 할 정도의 일은 없다.

최선을 다하되 알맞게 하는 것이 욕망과 극단으로 하지 않는 것이다. 없는 힘을 내려고 해서는 안 된다. 있는 힘만큼 적절하게 노력하는 것이 필요하다. 욕망으로 하지 않고 필요해서 해야 몸과 마음이 부드러워 능숙하게 대처할 수 있다.

적절한 휴식도 일의 연장이다. 잠도 생활의 과정인 것처럼 적절한 휴식도 일하는 과정의 하나다. 적절한 노력과 휴식을 하면 중도의 균형을 이루어 지혜가 난다.

148. 나와 남

내가 남을 비난하지 않는다고 남이 나를 비난하지 않는 것이 아니다. 내가 남에게 화를 내지 않는다고 남이 내게 화를 내지 않는 것이 아니다. 내가 남에게 선한 마음으로 대한다고 남이 내게 선한 마음으로 대하는 것이 아니다.

사람들은 자기의 축적된 성향을 가지고 살기 때문에 오직 자신의 삶을 산다. 내가 남에게 한 대로 받기를 바라는 것이 욕망이다. 내가 할 일을 하고 남의 행위는 단지 그의 것으로 분리해서 알아차려야 한다.

그렇지 않고 나와 남의 일을 연계하면 자신의 삶이 번뇌로 얼룩진다. 모든 일에 반드시 맞대응을 해야 하는 것은 아니다. 오직 침묵으로 나의 길을 가는 것이 나와 남을 이롭게 하여 괴로움을 피할 수 있다.

149. 행복은 자기가 만든다

행복은 누가 주는 것이 아니고 자기가 만든다. 자기 몸과 마음을 알아차려서 현재의 고요함에 머무는 순간이 행복이다. 현재가 아닌 과거로 가면 후회와 한탄으로 인해 괴로움이 생긴다.

현재가 아닌 미래로 가면 근심걱정으로 인해 두려움이 생긴다. 오직 현재에 머물러 자기 몸과 마음을 알아차리면 번뇌가 침투하지 못해 행복하다. 자기 몸과 마음을 알아차리는 순간에는 자신을 죄인이라고 학대하거나 불쌍히 여기지 않아 행복하다.

자기 몸과 마음을 알아차리는 순간에는 자신이 부족하다고 열등감을 느끼지 않아 행복하다. 자기 몸과 마음을 알아차리는 순간에는 탐욕과 성냄과 어리석음이 없고 관용과 자애와 지혜가 있어 행복하다.

150. 마음과 느낌

마음과 느낌은 함께 있으면서 역할이 다릅니다. 즐거운 느낌이 일어나면 마음은 즐거운 느낌을 받아들여 즐거워합니다. 괴로운 느낌이 일어나면 마음은 괴로운 느낌을 받아들여 괴로워합니다. 덤덤한 느낌이 일어나면 마음은 덤덤한 느낌을 받아들여 무관심합니다.

마음이 즐겁고 괴로울 때는 출렁거리는 물결과 같아 고요하지 못합니다. 마음이 덤덤할 때는 이끼가 덮인 물과 같아 투명하지 못합니다. 마음이 고요하고 투명하지 못하면 무엇을 할지 몰라 방황합니다.

느낌을 있는 그대로 알아차리면 즐겁거나 괴롭거나 덤덤한 느낌이 일어나지 않아 마음이 청정합니다. 마음이 청정하면 지혜가 나서 불행한 길을 가지 않고 행복한 길을 갑니다.

151. 후회

후회는 과거에 옳지 않은 일을 한 것과 옳은 일을 하지 않은 것에 대해서 갖는 죄책감이다. 후회하는 마음은 성냄과 질투와 인색한 마음과 함께 있어 선하지 못한 마음이다. 마음이 고요할 때는 후회하지 않고 들떠있을 때 후회한다.

마음이 들떠서 후회할 때는 어떻게 하는 것이 바른지 알지 못해 자기를 비하하고 자기가 한 일을 한탄하기 때문에 선한 마음이 아니다. 마음이 선하지 못하면 행복과 멀어지고 불행과 가까워진다.

원하는 것을 얻지 못해 후회할 때는 노력도 하지 않고 얻으려는 욕망이 있다. 후회했을 때 후회하는 것을 알아차리는 것이 가장 바른 치유방법이다. 후회하는 것을 알아차리는 순간에 청정한 마음이 새로 일어난다.

152. 친밀한 사이

친밀한 사이가 되면 서로 바라는 마음이 생긴다. 친밀한 사이가 아니면 서로 바라는 마음이 없다. 친밀해서 바라는 마음이 있으면 사소한 일도 섭섭하게 느껴 화를 내서 관계가 나빠진다.

친밀하지 않아서 바라는 마음이 없으면 섭섭해도 화를 내지 않아 관계가 나빠지지 않는다. 모든 인간관계는 서로 가깝다는 것이 오히려 괴로움을 준다. 가까운 관계일수록 자기 마음대로 하고 싶은 욕망이 커져 갈등이 생긴다.

가깝다는 것과 욕망과 갈등은 필연적이라서 인간관계가 괴롭다. 가깝지 않으면 욕망이 생기지도 않고 갈등을 겪지도 않는데 사람들은 가깝기를 바라서 괴로움을 자초한다. 이러한 어리석음과 집착이 괴로움의 원인이다.

옹달샘

[6]

새로운 삶의 지평

인간은 어리석음과 욕망의 과보를 받아 태어났다.
만약 지혜와 관용이 있었다면 태어날 원인이 사라져 태어나는 결과가 없다.
하지만 인간으로 태어난 것은 계율을 지킨 과보로 태어난 것이라서
희귀한 존재에 해당된다.

153. 의심

무조건 의심부터 하는 것도 문제고 아예 의심하지 않는 것도 문제다. 감성이 지나쳐 맹목적으로 기울 때는 의심해야 한다. 이성적인 판단을 하지만 결단력이 없을 때는 의심해서는 안 된다.

수행자가 바른 가르침에 대한 의심은 이해가 부족한 것으로 장애에 속한다. 바른 가르침에 대한 확신이 없으면 의심을 해서 마음이 계발되지 않는다. 의심하면 집중이 되지 않아 지혜가 나지 않는다.

의심할 때는 의심하는 것을 알아차려야 한다. 그런 뒤에 몸과 마음을 있는 그대로 알아차려야 한다. 몸과 마음을 분리해서 알아차리면 원인과 결과를 아는 지혜가 나 의심에서 벗어난다. 의심이 없어야 현상을 아는 지혜가 나 무상, 고, 무아의 법을 안다.

154. 정(情)과 한(恨)

정이 많으면 한이 많다. 상대가 원하지 않는데도 일방적으로 정을 주고 원하는 만큼 받지 못하면 한을 품는다. 남에게 정을 베푸는 것은 자기가 좋아서 하는 것이다. 그러므로 정을 베풀고 받을 것을 기대해서는 안 된다.

좋은 일을 하고 나쁜 결과를 맺는 것은 어리석은 일이다. 남에게 베푸는 것이나 내가 받는 것이나 일방적이어서는 안 된다. 상대에게 베푸는 것이 좋은 일이라고 해도 욕망으로 하면 규범에서 벗어나 서로에게 괴로움을 준다.

상대에게 정을 베풀되 바라는 마음 없이 베풀어야 한다. 그러기 위해서는 정을 줄 때는 무슨 마음으로 주는가 알아차려야 한다. 그래야 정이 한으로 바뀌지 않아 서로가 평화로울 수 있다.

155. 축적된 성향

누구나 자기만의 축적된 성향을 가지고 있다. 축적된 성향은 마음의 종자로 쉽게 바뀌지 않는다. 축적된 성향은 어디서 온 것이 아니고 오랜 세월동안 자기가 행한 습관으로 인해 계승된 인과응보다.

과거의 원인으로 인해서 생긴 현재의 결과는 그대로 상속되어 끝없이 흐른다. 축적된 성향이 바뀌지 않는다고 해서 그대로 두어서는 안 된다. 잘못된 성향대로 살면 바르게 살아가야 하는 사명을 실천하지 못한다.

잘못된 성향을 있는 그대로 알아차리면 차츰 자각이 일어나 개선의 여지가 있다. 바뀌지 않는 성향을 무조건 바꾸려고 하면 개선도 되지 않고 갈등만 커진다. 잘못된 성향은 오직 수행을 통해서 생긴 지혜로써만 녹일 수 있다.

156. 네 가지 대상

위빠사나 수행은 네 가지 대상인 몸, 느낌, 마음, 법을 알아차리는 수행이다. 몸에서는 생명이 호흡 사이에 있으며, 몸이 깨끗하지 못하고 더럽다는 것을 알아 집착을 끊는다.

느낌에서는 감각기관이 감각대상과 접촉할 때 즐거움과 괴로움과 덤덤한 느낌이 일어나지만 이것이 모두 괴로움인 것을 알아 집착을 끊는다. 마음에서는 마음이 항상 하지 않고 매순간 변하므로 무상하다는 것을 알아 집착을 끊는다.

법에서는 몸과 마음을 자기 마음대로 할 수 없으며, 몸과 마음을 소유하는 어떤 실체가 없는 무아를 알아 집착을 끊는다. 몸과 마음에 대한 욕망과 집착이 끊어질 때 어리석음이 지혜로 바뀌어 윤회가 끝나는 해탈의 자유를 얻는다.

157. 몸과 마음

나에게 가장 가치 있는 것은 나의 몸과 마음이다. 나의 몸과 마음보다 더 소중한 것은 없다. 나는 몸과 마음이 있어 산다. 내 몸과 마음이 있어 세상도 있고 남도 있다. 내 몸과 마음이 없으면 세상도 없고 남도 없다.

하지만 누구도 자기 몸과 마음의 중요성을 알지 못한다. 세상에 태어난 이래 밖에서만 구하며 살았지 자기 내면을 통찰하지 못했다. 자기 내면을 있는 그대로 알아차리면 몸과 마음은 무상하고 괴로움이며 자아가 없음을 안다. 무상, 고, 무아의 법을 알 때 나를 안다고 할 수 있다.

지혜가 날 때 나의 실재를 알아 집착을 끊고 바르게 살 수 있다. 법을 모르는 몸과 마음은 있어도 있는 것이 아니고 괴로움 덩어리에 불과하다.

158. 행복과 불행은 과보다

인간의 행복과 불행은 거미줄처럼 얽혀서 업의 과보로 진행된다. 의도가 있는 행위를 업이라고 하는데 업은 반드시 한대로 결과를 받는다. 행복할 원인이 있어서 행복하고 불행할 원인이 있어서 불행하다.

어느 때 어떤 원인이 현재로 왔는지 누구도 알 수 없지만 과거의 원인이 있어서 생긴 결과인 것만은 분명하다. 수많은 과거의 원인은 현재의 조건에 따라 새로운 결과가 생긴다. 현재 선한 마음을 가지면 과거의 선한 원인이 작용하여 새로운 행복을 만든다.

현재 선하지 못한 마음을 가지면 과거의 선하지 못한 원인이 작용하여 새로운 불행을 만든다. 인간은 과거의 원인에 연연하지 않고 현재 새로운 선한 원인을 만드는 것이 사명이다.

159. 새로운 삶의 지평

인간은 어리석음과 욕망의 과보를 받아 태어났다. 만약 지혜와 관용이 있었다면 태어날 원인이 사라져 태어나는 결과가 없다. 하지만 인간으로 태어난 것은 계율을 지킨 과보로 태어난 것이라서 희귀한 존재에 해당된다.

인간은 선한 마음과 선하지 못한 마음을 함께 가지고 있다. 그러므로 선한 행위도 할 수 있고 선하지 못한 행위도 할 수 있다. 그렇다고 해서 선하지 못한 행위가 용인되어서는 안 된다.

선하지 못한 행위는 현재에도 불행을 가져오고 미래에는 지금보다 더 비참한 생명으로 태어나기 때문이다. 그러므로 어쩔 수 없이 행하는 선하지 못한 행위는 용서해야 한다. 그런 뒤 선한 행위를 해서 새로운 삶의 지평을 열어야 한다.

160. 법(法)

법은 무상, 고, 무아며 더 이상 다다를 것이 없는 궁극의 이치다. 법은 인간이 가진 있는 그대로의 진실이기 때문에 누구나 알 수 있다. 법은 어떤 특정한 사람에게만 허용되지 않는다. 법은 선한 사람과 선하지 못한 사람을 차별하지 않는다.

법은 남녀와 노소와 빈부와 사상과 종교에 차별을 두지 않고 오직 원하는 사람에게만 드러난다. 법은 있는 그대로의 실재이기 때문에 진실을 원하는 자만 안다. 법은 생명이 가진 실재하는 진실이라서 자기 지혜만큼 안다.

내가 낮은 단계의 안목을 가졌으면 낮은 단계의 법을 안다. 높은 단계의 안목을 가졌으면 완전한 법을 안다. 법을 완전하게 알면 윤회의 세계를 벗어나는 해탈의 자유를 얻는다.

161. 감각적 욕망

탐욕은 선하지 못한 마음으로 모든 괴로움의 원인이다. 탐욕은 끝도 없이 움켜쥐는 어리석은 마음이다. 탐욕은 아무리 가져도 만족하지 못하기 때문에 자기 눈을 가려 장님으로 산다.

탐욕은 여섯 가지 감각기관이 여섯 가지 감각대상과 접촉할 때 일어나므로 감각적 욕망이다. 눈, 귀, 코, 혀, 몸, 마음이 대상과 접촉할 때 욕망이 일어나면 일어난 순간에 알아차려야 한다. 욕망이 일어난 것을 알아차리는 순간에 청정한 마음이 되어 번뇌에 물들지 않는다.

알아차리지 못할 때는 번뇌의 노예로 전락한다. 욕망이 일어나는 원인은 나의 소유라는 잘못된 생각 때문이다. 모든 것은 일어난 순간에 사라져서 내가 소유할 수 있는 것은 없다.

162. 다른 것과 틀린 것

수행은 크게 사마타 수행과 위빠사나 수행이 있다. 사마타는 대상과 하나가 되는 근본집중을 해서 고요함을 얻는 수행으로 40가지가 있다. 또 종교와 수행자에 따라 많은 수행방법이 있다.

위빠사나는 대상을 분리해서 알아차려 찰나집중을 하는 지혜수행으로 몸, 느낌, 마음, 법 네 가지를 알아차린다. 수행자는 네 가지 대상 중에 하나의 대상을 선택해 집중적으로 할 수 있다. 또 수행자의 근기와 지혜에 따라 다양한 방법으로 할 수 있다.

수행방법이 서로 다르다고 해서 수행이 틀린 것이 아니다. 내가 경험하지 않은 수행은 알 수 없다. 내가 경험하지 않은 지혜도 알 수 없다. 내가 모르는 수행은 내가 하는 방법과 다른 것이지 틀린 것이 아니다.

163. 마음의 청정

마음은 한순간에 하나만 있다. 하나의 마음이 일어나는 순간 사라지고 다음 마음이 일어나면서 지속된다. 앞선 마음과 다음에 일어난 마음은 같은 마음이 아니다. 그러나 서로가 전혀 다른 마음이 아니다.

앞선 마음이 일어나고 사라지지만 마음에 담긴 종자가 다음 마음에 전해지고 사라진다. 마음은 고정된 실체가 없고 매순간 대상에 따라 다르게 일어난다. 또 자신의 잠재적 성향에 따라 일어나기도 하고 순간의 정신적 상태에 따라 다르게 일어나기도 한다.

수행자는 어떤 종류의 마음이건 있는 그대로 알아차려야 한다. 마음을 있는 그대로 알아차리면 청정하지 못한 마음이 청정해진다. 청정한 마음이 지속되면 모든 괴로움이 소멸하여 행복하다.

164. 평정(平靜)

대상을 있는 그대로 알아차리면 평정의 고요함을 얻는다. 평정의 단계에 이르면 대상을 집착하거나 혐오하지 않아서 좋아하거나 싫어하지 않고 본다. 어느 것에도 치우침이 없이 공평하게 바라볼 때 모든 것을 합당하게 생각하여 사물의 이치를 아는 지혜가 성숙된다.

이때의 평정은 무관심한 것과는 다르며 이것도 저것도 아닌 어정쩡한 중립적 느낌과는 다르다. 평정은 균형이 흔들리지 않는 확고한 정신이다. 세속의 어리석음과 욕망은 남을 비난하고 자신의 우월함을 강조한다.

출세간의 평정한 마음은 세속의 이익과 손실에서 자유롭고 명예와 불명예에 흔들리지 않는다. 또 칭찬과 비난을 극복하고 행복과 불행을 초월한 삶을 산다.

165. 꽃과 비

꽃이 피니
비가 와서
꽃이 진다.

166. 침묵

침묵은 말이고
정적은 노래다.

없다고
아무것도 없는 것이 아니다.

없는 것에
더 많은 것이 있다.

167. 자유를 얻는 길

자기 몸과 마음을 섬으로 삼고 자기 몸과 마음을 귀의처로 삼아야 한다. 자기 몸과 마음이 아닌 다른 대상으로는 진실을 알 수 없다. 몸과 마음을 가지고 살면서 생긴 문제는 몸과 마음에서 답을 구해야 한다.

다른 대상에서는 통찰지혜를 얻지 못한다. 팔정도의 가르침을 섬으로 삼고 팔정도의 가르침을 귀의처로 삼아야 한다. 팔정도는 계율과 집중과 지혜로 대상을 있는 그대로 알아차리는 중도다.

팔정도가 아닌 다른 가르침을 섬으로 삼고 귀의처로 삼으면 진리를 깨닫지 못해 해탈의 자유를 얻지 못한다. 몸과 마음을 알아차리는 것과 팔정도를 실천하는 위빠사나 수행 두 가지가 충족되어야 고통의 바다를 건너 완전한 자유를 얻는다.

168. 열 가지 족쇄

감각기관이 감각대상과 접촉할 때 알아차리지 못하면 열 가지 족쇄가 일어나 미혹에 빠진다. 눈이 대상과 접촉했을 때 달콤함에 빠지면 감각적 욕망의 족쇄가 일어난다. 원하지 않는 대상에 화를 낼 때 악의의 족쇄가 일어난다.

나만 안다고 여길 때 아만의 족쇄가 일어난다. 대상이 항상 하다고 알 때 사견의 족쇄가 일어난다. 형상이 중생인가 의심할 때 의심의 족쇄가 일어난다. 형식에 대한 믿음이 강할 때 계율과 금지조항에 대한 족쇄가 일어난다.

좋은 세상을 바랄 때 존재에 대한 족쇄가 일어난다. 자기만 얻기를 바랄 때 질투의 족쇄가 일어난다. 남과 나누기 싫을 때 인색의 족쇄가 일어난다. 이상의 것이 있을 때 무명의 족쇄가 일어난다.

169. 몸과 마음

몸과 마음을 알아차리면 현재로 온다. 행복은 현재에 있다. 과거나 미래는 상상이라서 실재하는 진실이 아니다. 과거는 후회고 미래는 두려움으로 가득 차 있다.

현재를 알아차리면 깨어있으므로 지혜가 나서 행복을 만든다. 몸과 마음을 알아차리면 지금 숨을 쉬고 있는 것에 감사한다. 호흡이 끝나는 순간 생명도 끝난다. 몸과 마음을 알아차리면 음식을 먹는 것에 감사한다.

몸과 마음을 알아차리면 오늘도 무사히 잠을 자는 것에 감사한다. 몸과 마음을 알아차리면 탈 없이 배설하는 것에 감사한다. 몸과 마음을 알아차리면 일상에서 경험하는 일이 모두 소중한 것임을 알아 감사한 마음이 생긴다. 이러한 진실이 감각적 욕망을 제어한다.

170. 어둠에서 밝음으로

몸과 마음을 있는 그대로 알아차리면 존재하는 생명이 가지고 있는 진실을 안다. 이것이 세 가지 법인 무상, 고, 무아다. 궁극의 법은 반드시 자기 몸과 마음을 대상으로 알아차릴 때 발견한다.

자기 몸과 마음이 아닌 밖에 있는 다른 대상에서는 내가 본다는 선입관을 가지고 주관적으로 보기 때문에 법을 발견하지 못한다. 세 가지 법을 아는 지혜가 나면 감각적 욕망을 집착하지 않아 다시 태어나는 원인이 사라진다.

이것이 어둠에서 밝음으로 나와 윤회의 굴레에서 벗어나 완전한 행복에 이른 것이다. 어둠에서 밝음으로 나와야 덧없음과 괴로움과 자아가 없는 있는 그대로의 진실을 안다. 이때 모든 집착이 소멸한 해탈의 자유를 얻는다.

171. 행복과 불행의 조건

마음은 대상을 받아들여서 아는 기능을 한다. 마음은 마음의 작용인 느낌[受]과 지각[想]과 의도[行]가 일어날 때 있는 그대로 받아들여서 안다. 위빠사나 수행자는 마음의 작용을 알아차려야 한다.

마음의 행복과 불행을 결정하는 것은 마음의 작용인 느낌이다. 즐거운 느낌이나 괴로운 느낌이 일어나면 마음은 있는 그대로 받아들여서 안다. 마음의 행복과 불행을 결정하는 것은 마음의 작용인 지각이다.

즐거운 지각, 기억이나 괴로운 지각, 기억이 일어나면 마음은 있는 그대로 받아들여서 안다. 마음의 행복과 불행을 결정하는 것은 마음의 작용인 의도다. 선한 의도나 선하지 못한 의도가 일어나면 마음은 있는 그대로 받아들여서 안다.

172. 내 마음대로

내 마음대로 하면 도덕적 규범을 어긴다. 내 마음대로 하면 이기적 욕망을 가지고 내가 우월하다는 아만심이 있다. 하지만 누구나 자기 성질대로 하지 남이 시키는 대로 하지 않는다. 그래서 인간관계가 어지럽고 혼란하다.

내 마음대로 하면 감각적 욕망에 대한 즐거움은 있지만 결과는 괴로움뿐이다. 나도 내 마음대로 하기 때문에 남도 자기 마음대로 한다. 나는 내 마음대로 하면서 남이 내 마음대로 되기를 바라서는 안 된다.

바른 길을 가는 규범을 말할 때도 내 마음대로 해서는 안 된다. 남에게 도움을 청할 때도 사실은 내 마음대로 하려는 수순을 밟는 과정이다. 진정으로 남의 말을 경청해서 받아들이려는 의도로 묻는 것이 아니다.

173. 있는 그대로 알아차림

위빠사나는 대상을 있는 그대로 알아차리는 수행이다. 있는 그대로 알아차리면 아는 마음이 대상에 개입하지 않고 분리해서 알아차리게 된다. 개입하면 선입관을 가지고 옳고 그름으로 판단하기 때문에 대상이 가진 진실을 알기 어렵다.

위빠사나 수행은 대상의 진실을 알아서 바르게 대처하기 위한 수행이다. 처음부터 무엇인가를 바라거나 원하지 않는 것을 없애려고 하지 않는다. 대상에 개입하지 않고 있는 그대로 알아차릴 때만이 탐욕과 성냄과 어리석음 없이 지켜볼 수 있다.

대상을 분리해서 알아차리면 고요한 마음이 생겨 대상을 있는 그대로 받아들인다. 대상을 있는 그대로 받아들일 때만이 법의 진실을 알아 지혜의 꽃을 피운다.

174. 두 가지 인연(因緣)

인연은 조건에 의해서 생기는 원인과 결과다. 인연은 과거의 인연과 현재의 인연이 있다. 과거의 원인이 현재로 온 것과 이것이 새로운 원인이 되어 미래의 결과가 되는 것은 다르다. 과거의 원인이 현재로 왔지만 반드시 현재의 같은 원인이 미래로 가야할 이유는 없다.

현재 대상을 있는 그대로 알아차려 걸림이 없으면 새로운 원인이 만들어지지 않아 미래의 결과가 생기지 않는다. 누구나 과거의 어리석음과 욕망을 유산으로 물려받아 현재의 태어남이란 결과가 생겼다.

그러나 현재의 어리석음이 지혜로 바뀌고 욕망이 관용으로 바뀌면 더 이상 바라는 것이 없어 미래에 태어나는 결과가 없다. 새로운 원인을 만들지 않는 것이 해탈이다.

175. 두 가지 질서

세상은 나를 따라오지 않는다. 그렇다고 내가 세상을 무조건 따라가서도 안 된다. 세상에는 세상의 질서가 있고 나에게는 나의 질서가 있다. 내가 세상을 따라가기만 하면 세상의 시류에 휩쓸려 바른 삶을 살지 못한다.

그렇다고 세상과 달리 내 뜻만 아서는 자기 이익만을 위하기 때문에 세상과 격리된다. 세상과 나의 문제에 대한 두 가지 장벽을 조화롭게 하려면 바라거나 없애려는 것 없이 모든 대상을 그냥 있는 그대로 알아차려야 한다.

그러면 감각적 욕망과 악한 의도와 어리석음이 없어 세상의 질서와 나의 질서가 조화를 이루게 된다. 무엇이나 알아차리고 하면 선한 마음으로 치우침이 없는 균형을 이루어 불행을 예방한다.

176. 마음대로

무엇이나 자기 마음대로 해서는 안 된다. 해야 할 일을 자기 마음대로 하지 않아서도 안 된다. 자기 마음대로 하는 것은 감각적 욕망을 가진 마음이다. 할 일을 하지 않는 것은 성냄을 가진 마음이다.

하지 말아야 할 일을 하고 해야 할 일을 하지 않으면 어리석음을 가진 마음이다. 바르지 못한 일을 자기 마음대로 해서는 안 된다. 바른 일을 자기 마음대로 하지 않아서도 안 된다.

바른 일도 세속의 바른 일과 출세간의 바른 일이 있다. 세속의 바른 일은 관념으로 세속의 진실이다. 출세간의 바른 일은 실재로 궁극의 진실이다. 세속에서는 사회의 도덕적 규범에 맞추고 출세간에서는 내면을 통찰해서 생긴 지혜의 규범에 맞추어야 한다.

177. 인간의 기본구도

누구나 자기 입장에서 생각하고 말하고 행동한다. 이것이 인간이 살아가는 기본구도다. 그러나 오직 자기를 위해서 생각하고 말하고 행동하면 기본구도가 왜곡된다. 먼저 자기 생각과 말과 행동을 알아차려서 청정함을 가져야 한다.

더불어 사는 사회에서 지켜야할 바른 규범은 자기만을 위해서 생각하고 말하고 행동해서는 안 된다. 자기 생각과 말과 행동을 알아차려서 청정할 때 남에 대해서도 청정한 생각과 말과 행동을 할 수 있다.

자기 내면을 알아차려서 청정해진 마음으로 밖을 알아차려서 똑같이 청정하게 하고 또 안과 밖을 알아차려서 나와 남이 청정해질 때 치우침이 없는 균형을 이루어 중도를 실현한다.

178. 말의 책임

말 속에 말이 있다. 말 속에 독이 있고 약이 있다. 말 속에 거짓이 있고 진실이 있다. 말 속에 미움이 있고 사랑이 있다. 말 속에 뼈가 있고 살이 있다. 생각으로 시작된 말은 생각과 다르게 할 수 있고 생각과 같게 할 수 있다.

생각과 말이 다른 것은 생각하는 순간의 마음과 말하는 순간의 마음이 같지 않기 때문이다. 생각과 말로 시작된 행동은 생각과 말과 다르게 행동할 수 있고 생각과 말과 같게 행동할 수 있다.

생각과 말이 행동과 다른 것은 생각과 말하는 순간의 마음과 행동하는 순간의 마음이 같지 않기 때문이다. 누구도 자기의 생각과 말과 행동에 대해 책임질 수 없다. 하지만 업의 과보는 남아 있어 다음 마음에 영향을 미친다.

179. 있는 그대로

위빠사나 수행은 몸과 마음에서 나타나는 현상을 있는 그대로 알아차리는 수행이다. 없는 것을 찾거나 있는 것을 없애려고 해서는 안 된다. 몸과 마음을 알아차릴 때는 어떤 대상이나 가장 두드러진 것을 있는 그대로 알아차리면 된다.

위빠사나 수행의 법의 조사는 몸과 마음을 있는 그대로 알아차리는 것이지 무엇인가를 탐구하기 위해서 찾는 것이 아니다. 좋은 대상을 바라면 욕망이고 싫어하는 대상을 없애려고 하면 성냄이다.

있는 그대로 알아차릴 때 작용만 하는 마음으로 단순한 행위를 해서 대상이 분리되어 고요함이 생긴다. 이렇게 알아차릴 때 대상이 가지고 있는 성품인 무상, 고, 무아의 법을 발견하여 욕망과 집착을 여읜다.

180. 법과 의지

무상과 고와 무아의 법은 존재하는 생명이 가진 있는 그대로 진실이라서 나의 의지와 상관없이 실재한다. 밤이 가고 아침이 와도 내 마음이 밤이 지나간 것을 받아들이지 않는다고 해서 무상하지 않은 것이 아니다.

내 얼굴에 주름이 생겼지만 아직 내 마음이 젊다고 해서 무상하지 않은 것이 아니다. 괴로움이 일어나고 사라져 내 마음이 괴롭지 않다고 괴로움이 없는 것이 아니다. 생명을 가지고 살고 있는 동안에는 온갖 고통에서 헤어나기 어렵다.

내가 있다고 생각하고 살지만 몸과 마음을 소유하거나 내 마음대로 할 수 있는 자아는 없다. 무상, 고, 무아의 법은 나의 의지와 상관없이 실재하므로 궁극의 진리다.

181. 생성과 소멸

모든 것은 일어났으면 사라진다. 일어난 것은 영원히 지속되지는 않는다. 일어난 것은 일어난 순간에 반드시 소멸한다. 다만 일어나고 사라지는 것의 지속의 차이가 있을 뿐 모든 것은 생성과 소멸을 거듭한다.

생명의 기원인 마음도 빠르게 일어나고 사라지는 것이 연속되면서 생명을 유지한다. 몸도 빠르게 일어나고 사라지는 진동이 연속되면서 생명을 유지한다. 바른 일어남이 있으면 바른 결과를 남기고 사라진다. 바르지 못한 일어남이 있으면 바르지 못한 결과를 남기고 사라진다.

바른 일어남이 있을 때는 바른 결과를 남기고 사라지면서 바르지 못한 것을 개선하고 사라진다. 알아차리면 선한 원인을 만들어 잘못된 결과를 소멸시킨다.

182. 알아차리는 힘

힘 중에서 알아차리는 힘이 제일 강하다. 알아차림은 깨어서 대상을 지켜보는 행위다. 알아차리면 선하지 못한 마음이 선해지고 선한 마음은 통찰지혜가 난다. 알아차리는 순간에는 어떤 번뇌도 침투하지 못해 마음이 청정해진다.

일곱 가지 깨달음의 요소는 알아차림으로 시작한다. 알아차림이 있으면 법의 탐구가 있고 정진의 깨달음으로 요소가 따른다. 다음으로 희열과 평안과 집중과 평등의 깨달음의 요소를 완성하여 해탈의 자유를 얻는다.

일곱 가지 깨달음의 요소에는 항상 알아차림이 함께 있다. 수행은 알아차림으로 시작해서 알아차림으로 완성한다. 팔만 사천 법문을 줄이면 계율과 집중과 지혜 세 가지고, 하나로 줄이면 알아차림이다.

183. 법의 맛

맛 중에서 법의 맛이 제일 좋다. 법 안에 있을 때 고요함이 있어 평온하다. 법 밖에 있을 때 고요함이 없어 혼란하다. 법과 함께 있을 때 관용과 자애와 지혜가 있어 자유를 얻는다. 법과 함께 있지 않을 때 탐욕과 성냄과 어리석음이 있어 구속을 받는다.

법은 대상의 법과 진리의 법이 있다. 대상의 법은 어떤 대상이나 있는 그대로 알아차려서 마음을 청정하게 하는 수행이다. 이러한 수행을 통해서 단계적 과정의 지혜가 나면 무상, 고, 무아의 세 가지 법을 발견한다.

인간이 세 가지 법 안에 있을 때 모든 덧없음에서 자유로워진다. 모든 괴로움에서 자유로워진다. 자아가 있어서 생기는 어리석음으로부터 자유로워진 최상의 맛을 느낀다.

옹달샘

7

생명과 호흡

살아있는 생명을 느끼려면 몸에서 일어나고 사라지는 호흡을 지켜보라.
생명은 일어나고 사라지는 호흡과 호흡 사이에 있다.
호흡이 일어났다가 사라지고 다시 일어나지 않으면 죽은 것이다.
생명의 엄숙한 진실은 호흡에서만 느낄 수 있다.

184. 청정이 열반이다

여섯 가지 감각기관이 여섯 가지 감각대상과 접촉할 때 있는 그대로 알아차리면 마음이 청정해진다. 의식이 맑고 깨끗한 순간에는 어떤 번뇌도 침투하지 못한다. 인간은 여섯 가지 감각기관이 감각대상과 접촉해서 생기는 마음으로 산다.

이때 대상을 있는 그대로 알아차리지 못하면 선입관을 가지고 진실과 다른 판단을 한다. 눈이 형상을 있는 그대로 보는 것이 청정이다. 귀가 소리를, 코가 냄새를, 혀가 맛을, 몸이 접촉할 때, 마음이 생각을 있는 그대로 아는 것이 청정이다.

이런 청정이 계율과 집중과 지혜를 가져와 열반을 성숙시킨다. 열반은 특별한 시간과 장소에 있지 않다. 열반은 몸과 마음을 있는 그대로 알아차릴 때 성숙한다.

185. 보상

누구나 자기가 한 일에 대한 보상을 바란다. 보상을 받으려는 마음이 욕망일 때는 어떤 결과도 만족하기 어렵다. 욕망은 아예 노력도 하지 않고 바라거나 작게 노력하고 큰 것을 바라는 마음이다.

욕망이 있는 한 구조적으로 괴로움의 덫에 걸린다. 만족할 만한 보상을 받지 못하면 자신을 학대하고 상대를 미워하고 증오하기에 이른다. 이런 마음은 공격적인 성향이 되어 투쟁을 한다. 투쟁은 자기도 괴롭히고 남도 괴롭히는 세간의 정서다.

세간의 정서는 고요함과 평화를 파괴하여 혼란만 거듭된다. 바라는 마음 없이 할 일을 하면 욕망이 일어나지 않아 어떤 결과에도 감사하게 여기며 만족한다. 이것이 괴로움이 없는 출세간의 정서다.

186. 이익과 손실

어리석으면 손실을 이익으로 이익을 손실로 안다. 대상을 있는 그대로 알아차려서 지혜가 나면 이익을 이익으로 손실을 손실로 안다. 남을 속이고 모함하거나 비난해서 얻는 이익은 이익이 아니고 손실이다.

잘못된 이익은 반드시 나쁜 과보를 받아 행위를 한 만큼의 손실이 따른다. 남에게 불이익을 주고 얻은 이익은 끝이 나빠 고통스러운 결과를 맺는다. 남에게 불이익을 주지 않고 얻은 이익이라야 끝이 좋아 만족할 만한 결과를 맺는다.

무엇인가를 얻는 것이 중요하지 않고 어떤 마음으로 어떤 행위를 하는가가 중요하다. 모든 일에는 합당한 결과가 따른다. 겉으로 드러난 외형적인 결과보다 내면의 평화를 얻는 결과가 가장 값지다.

187. 생명과 호흡

살아있는 생명을 느끼려면 몸에서 일어나고 사라지는 호흡을 지켜보라. 생명은 일어나고 사라지는 호흡과 호흡 사이에 있다. 호흡이 일어났다가 사라지고 다시 일어나지 않으면 죽은 것이다. 생명의 엄숙한 진실은 호흡에서만 느낄 수 있다.

눈이 대상을 볼 때나 귀가 소리를 들을 때나 코가 냄새를 맡을 때도 생명은 있다. 혀가 맛을 알 때나 몸이 접촉할 때도 생명은 있지만 마음이 대상에 팔려 생명의 실재를 알기 어렵다. 여섯 가지 감각기관이 감각대상과 접촉할 때는 욕망이 일어나서 생명의 진실을 알기 어렵다.

오직 호흡을 알아차릴 때는 욕망이 일어나지 않아 생명의 진실을 알 수 있다. 호흡은 생명의 진실을 알 수 있는 내면의 실재다.

188. 행복과 불행

행복과 불행은 자신의 마음이 만든다. 계율을 지켜 도적적인 행위를 하면 감각적 욕망을 절제하여 위험에 빠지지 않는다. 선한 일에 적극적이고 남을 돕는 일에 헌신하면 스스로 기쁨을 만들어 행복하다.

대상을 있는 그대로 알아차려서 통찰지혜를 얻으면 모든 번뇌를 소멸시켜 지고의 행복을 얻는다. 좋은 가문에 태어나고 높은 지위나 재산을 가진 것이 인간의 행복을 결정하지 않는다. 신분이 좋고 지위가 높고 재산이 많아도 행실이 바르지 못하면 천박한 마음에서 벗어나지 못해 불행하다.

무슨 일이나 있는 그대로 알아차리면서 하면 선한 마음으로 행위를 하여 행복을 얻는다. 행복과 불행은 스스로 받아들이는 마음에 따라 결정된다.

189. 수행과 선업의 공덕

위빠사나 수행은 통찰지혜 수행이라서 선업의 공덕이 없으면 하지 못한다. 노력을 해서 지혜가 성숙된다 해도 어느 단계의 지혜에 머물고 말뿐 번뇌가 소멸하는 도과를 성취하기는 어렵다.

선업의 공덕이 부족하다는 것은 불선업의 과보가 많고 선업의 과보가 부족한 것이다. 선업의 과보가 부족하면 선하지 못한 마음의 지배를 받는다. 불선과보가 많으면 어리석은 마음의 상태라 평안하지 못하고 들떠서 바른 견해를 갖기가 어렵다.

불선과보가 많으면 수행을 하려는 선한의도를 내지 못한다. 수행을 하려는 선한 의도를 냈어도 한 때의 호기심에 그친다. 선한 일을 하려는 의도는 저절로 생기지 않고 반드시 선업의 공덕이 있어야 한다.

190. 업의 과보

모든 일을 업의 과보로 보면 하찮은 일이 된다. 업의 과보로 받아들이지 못하기 때문에 큰일이 되어 괴로움에 빠진다. 무슨 일이나 오지 말아야 할 일이 온 것이 아니고 올 일이 온 것이다.

업은 개인의 문제이지 가정이나 사회나 국가의 문제가 아니다. 업은 개인끼리 얽혀서 온 과보로 보아야 쉽게 해결할 수 있다. 개인의 업을 가정이나 사회나 국가의 업으로 확대하면 해결할 방법이 없다.

통치자와 특정인과의 얽힌 업은 두 사람간의 문제다. 개인의 업이 통치자의 업이 되면 사회의 재난이 된다. 가정과 사회도 마찬가지다. 업에는 자아가 없어 행한 나도 없고 받을 나도 없다. 오직 원인과 결과가 연속적으로 굴러가는 현상만 있다.

191. 세 가지 괴로움

누가 나를 괴롭히는가? 대상을 있는 그대로 알아차리지 않고 선입관을 가지고 보아서 괴로움을 자초한 것이다. 모든 것은 영원하지 않고 일어나면 사라진다. 태어나면 죽어야 하고 만나면 헤어져야 하고 소유한 것은 사라진다. 이런 변화를 받아들이지 않기 때문에 괴롭다.

누가 나를 괴롭히는가? 태어났으면 생로병사를 겪어야 하므로 괴로움은 당연한 것이다. 이렇게 당연한 괴로움을 받아들이지 않기 때문에 두려워서 괴로운 것이다.

누가 나를 괴롭히는가? 내 몸과 마음을 내 마음대로 할 수 없는데 내 마음대로 하려고 하기 때문이다. 내 몸과 마음을 내가 소유할 수 없는데 소유하려고 하기 때문이다. 무아를 자아로 알아서 괴롭다.

192. 두 가지 기억

기억은 두 가지다. 과거를 기억하는 것과 현재 해야 할 일을 기억하는 것이 있다. 과거의 기억은 살면서 생긴 것을 기억하는 것이다. 기억이 저장되면 잠재의식이 되어 자신을 지배한다. 어떤 기억이나 집착하면 과거를 사는 것이라서 바람직하지 않다.

마음은 매순간 변해 다른 마음이라서 기억하지 못하는 것이 당연하다. 나이를 먹어 기억력이 떨어지는 것은 오히려 축복이다. 과거의 기억을 집착하면 미련 없이 생을 마칠 수 없다. 또 현재 해야 할 일을 기억하는 것은 인간으로 태어난 사명을 다하는 것이다.

알아차리지 못하는 것을 기억해서 알아차려야 한다. 알아차렸으면 다시 알아차리는 것을 기억해 계속 알아차려야 지혜가 난다.

193. 좋아함과 싫어함

좋아도 괴롭고 싫어도 괴롭다. 좋을 때는 좋은 것이 사라질까봐 괴롭고 더 좋기를 바라서 괴롭다. 싫을 때는 싫은 것이 사라지지 않아서 괴롭고 좋아지지 않아서 괴롭다. 좋은 것과 싫은 것은 서로 다르지만 괴로움을 주는 것으로는 같다.

좋은 것도 알아차릴 대상이라서 법이다. 싫은 것도 알아차릴 대상이라서 법이다. 법은 와서 보라고 나타난 대상이므로 있는 그대로 알아차려야 한다. 대상에 개입해서 좋아하고 싫어하면 법이 와서 보라고 드러내 보이는 진실을 알 수 없다.

모든 법이 드러내 보이는 진실은 무상하고 괴로움이며 자아가 없다. 존재의 특성인 세 가지 법을 알 때만 집착을 여의고 괴로움이 소멸한 지고의 행복을 얻는다.

194. 은혜

은혜를 입은 자는 도움을 받은 것을 잊어버리고 자기 힘을 이루어낸 것으로 생각한다. 은혜를 베푼 자는 도움을 준 것을 잊어버리지 않고 상대가 자기 도움으로 이루어낸 것으로 생각한다.

이런 마음을 가지고 있으면 은혜를 입은 자와 은혜를 베푼 자 사이에 균열이 생겨 관계가 나빠질 수 있다. 이런 현상은 모두 자기중심의 사고방식을 가지고 있기 때문이다. 이 세상은 한순간도 남의 도움 없이는 살 수 없다. 또 남에게 도움을 주지 않고는 한순간도 행복하게 살 수 없다.

남에게 도움을 받은 것은 잊지 않고 항상 감사해야 한다. 기쁜 마음으로 계속 남을 도와야 하며 남에게 도움을 준 것을 잊어버려야 아만심의 덫에 걸리지 않는다.

195. 인식

자기 인식에 사로잡히면 진실을 알기 어렵다. 자기 인식은 살면서 생긴 축적된 성향으로 고정관념이다. 이런 인식은 과거의 원인으로부터 내려온 결과다. 수행을 해서 지혜를 얻는 것은 자기 인식의 좁은 세계에서 더 넓은 세계로 나가 현상계의 질서를 알기 위한 것이다.

누구나 자기 위주의 생각을 가지고 살기 때문에 자기 인식의 범주를 벗어나기 어렵다. 이런 인식의 범주를 벗어나려면 반드시 있는 그대로 알아차리는 수행을 해서 지혜가 나야 한다.

자기 세계에 사로잡혀 새로운 세계를 거부하는 자는 자기가 만든 감옥에 갇힌 포로다. 인식의 포로는 스스로가 철창에 갇히기를 원한다. 법을 알려면 법의 방식으로 전환해야 한다.

196. 내가 아는가?

내가 고집멸도 사성제의 가르침을 안다고 해도 내 수준으로 안다. 나보다 더 높은 지혜를 가진 자가 나를 보면 미혹에 빠져있는 것으로 본다. 내가 나보다 모르는 자를 볼 때 미혹에 빠져있는 것이 보이는 것처럼 나보다 높은 지혜를 얻은 자도 나를 그렇게 본다.

그러니 내가 무엇을 안다고 할 수 있겠는가? 내가 안다고 할 수 없는 것은 아직 완전하게 무상, 고, 무아를 모르기 때문이다. 생각으로 아는 것은 지식이라서 아는 것이 아니다. 자기 몸과 마음을 통찰지혜로 알 때 조금씩 아는 마음이 커진다.

최고의 지혜를 얻은 자는 가르침은 있어도 가르침을 아는 자가 없다고 안다. 그러므로 아는 마음은 있어도 내가 안다고 말하지 않는다.

197. 귀의처

사람의 마음에 의지하지 마라. 마음은 믿을 것이 못된다. 마음은 매순간 변하면서 자기 이해에 따라 움직인다. 조건에 따라 변하는 마음은 내가 소유할 수 없다. 마음은 내 마음대로 되지 않아 굳은 언약도 물거품 같이 변한다.

자기 몸에 의지하지 마라. 몸은 믿을 것이 못된다. 몸은 매순간 변하며 조건에 따라 움직인다. 조건에 따라 변하는 몸은 내가 소유할 수 없다. 몸이 항상 하기를 바라는 것은 희망이다.

자기 재산에 의지하지 마라. 재산은 믿을 것이 못된다. 재산은 탐욕과 성냄과 어리석음을 일으키는 괴로움이다. 재산에 의지하는 자는 재산으로 몰락한다. 오직 법에 의지하라. 무상, 고, 무아에 귀의할 때 모든 속박에서 벗어난다.

198. 행복과 불행

내가 모르면 남이 바르게 아는 것을 부정한다. 내가 알면 남이 바르게 아는 것을 존중한다. 내가 몰라서 남이 바르게 아는 것을 따르지 않는 손실은 고스란히 나의 불행으로 남는다. 내가 알아서 남이 바르게 아는 것을 따르는 이익은 고스란히 나의 행복으로 남는다.

몸과 마음을 알아차려서 지혜가 나면 감각적 욕망이 사라지고, 분노와 슬픔이 사라지고, 더 이상 할 말이 없어 자유로운 안식을 얻는다.

몸과 마음을 알아차리지 못해 어리석게 살면 감각적 욕망이 있고, 분노와 슬픔이 있고, 항상 할 말이 많아 자유로운 안식을 얻지 못한다. 지혜가 나면 생에 대한 미련이 없어 행복하다. 어리석으면 생에 대한 미련이 있어 불행하다.

199. 바라는 마음

바라는 마음이 있으면 삿된 일에 쉽게 현혹되어 어리석음에 빠진다. 바랄 때는 마음이 경직되고 흥분해서 위험을 감지하지 못한다. 복에 눈이 멀면 사물을 바르게 판단하지 못해 물질적 손실을 입고 정신이 황폐화된다.

바라는 마음이 없으면 삿된 일에 현혹되지 않고 지혜를 가지고 본다. 바라는 마음이 없어야 마음이 고요해서 사물의 이치를 알아 삿된 일에 이끌리지 않고 위험에서 벗어난다. 지금까지 바라는 것밖에 모르고 산 사람은 바라지 않고 무슨 재미로 살 수 있겠냐고 걱정한다.

하지만 바라지 않았을 때 오는 평온과 기쁨과 해탈의 자유를 몰라서 그렇다. 바라지 않을 때만이 어리석음과 욕망이 제어되어 참된 법이 드러난다.

200. 복(福)

복은 누가 주지 않는다. 복은 자신이 노력해서 얻는다. 복이 왔어도 머물지 않는다. 복을 유지하려면 선한 노력을 계속해야 한다. 선한 노력을 하지 않으면 복이 사라진다. 복이 없어도 선한 노력을 하면 복이 온다.

인간의 삶은 복을 얻는 것으로 충분하지 않다. 복에 기대어 사는 것은 한계가 있다. 복이 있는 자는 복에 취해 향락을 즐긴다. 아무리 좋은 일어남도 결국에는 사라지고 만다. 행복이 있어도 언제 불행이 올지 알 수 없어 두렵다.

복은 세간의 기쁨이라서 영원하지 않다. 출세간의 기쁨은 세간의 기쁨을 뛰어넘는다. 출세간의 기쁨은 법을 아는 지혜다. 세간의 복에 안주하지 않고 출세간의 지혜를 얻어야 완전한 기쁨을 누린다.

201. 행복과 불행의 원인

나의 불행은 선하지 못한 원인으로 인해서 온 결과다. 불행은 예고되어 있었다. 다만 어리석어서 감지하지 못했다. 어리석으면 불행할 원인을 만들어 불행한 결과가 온다. 불행은 남의 탓이 아니고 내가 만든 결과다. 불행을 인연으로 알면 연기의 지혜가 나서 불행을 극복한다.

나의 행복은 선한 원인으로 인해서 온 결과다. 행복은 예고되어 있었다. 다만 지혜가 있어서 행복한 원인을 만들었다. 지혜가 있으면 행복할 원인을 만들어 행복한 결과가 온다. 행복은 남의 탓이 아니고 내가 만든 결과다.

행복을 인연으로 알면 연기의 지혜가 나 행복이 지속된다. 지혜가 나면 과거는 받아들이고 새로 선한 원인을 만들어 선한 결과를 만든다.

202. 가르침의 반복

정법을 받아들일 때 똑같은 가르침을 들어도 싫증이 나지 않고 매번 새롭게 들리면 법을 바르게 이해하는 것이다. 반면에 똑같은 가르침을 들을 때 싫증이 나서 듣지 않으면 법을 바르게 이해하지 못하는 것이다.

정법의 실재를 이해하면 조금씩 지혜가 열려서 항상 새롭게 들린다. 그렇지 않고 정법을 관념으로 받아들이면 지혜가 열리지 않아 같은 말을 되풀이 하는 것으로 들린다. 범부가 최고의 가르침을 대할 때 처음부터 완전하게 이해하기 어렵다.

그러므로 완전한 지혜가 열릴 때까지 반복해서 들어야 한다. 또 가르침을 듣는 것만으로는 진리를 알 수 없다. 가르침대로 실천하는 수행을 해야 완전한 지혜가 열려 괴로움에서 벗어난다.

203. 과거와 현재

욕망을 가지고 사는 한 과거는 괴로움이다. 과거에 즐거움도 괴로움도 있고 덤덤함도 있었지만 어리석음을 가지고 사는 한 과거는 괴로움이다. 과거는 이미 지나간 것으로 실재하지 않지만 기억 속에 저장되어 현재에 영향을 준다.

과거는 현재가 아니지만 현재를 만든 원인이라서 누구도 자유로울 수 없다. 하지만 자유로울 수 없다고 해서 언제까지 과거에 매달려 살 수는 없다. 과거의 기억에서 자유로우려면 과거는 단지 과거일 뿐이라고 알아차리고 현재의 일에 감사해야 한다.

괴로운 과거가 있다고 현재도 괴로울 것은 없다. 과거의 괴로움을 극복하려면 현재의 일에 감사해야 한다. 현재 호흡을 하는 것에 감사하면 과거는 사라진다.

204. 수행의 대상

수행자가 자기 몸과 마음이 아닌 다른 대상에 의지하면 괴로움이 소멸한 완전한 자유를 얻지 못한다. 자기 몸과 마음을 있는 그대로 알아차려야 지혜가 나 고귀한 행복을 얻는다. 만약 우주를 대상으로 알아차렸다면 실재가 아닌 관념에 머물고 만다.

관념을 대상으로 하면 집중의 효과가 있지만 지혜를 얻지 못해 괴로움을 소멸시킬 수 없다. 인간의 궁극의 목표는 모든 괴로움이 소멸한 자유를 얻는 것이다. 해탈의 자유를 성취하려면 몸과 마음을 알아차려야 한다.

자기 몸과 마음이 아닌 우주에서는 결코 무상, 고, 무아의 통찰지혜를 얻을 수 없어 영원히 괴로움의 늪에서 벗어날 수 없다.

205. 고난

하나의 고난이 찾아와 괴로운데 더 큰 고난이 찾아와 괴로움을 감당하기 어렵다. 고난으로 인해 괴로워도 죽는 것보다는 낫다. 죽음보다 더 큰 고난은 없을 것이다. 죽음도 올 것이 왔다고 받아들이면 당연한 일에 불과하다.

고난이 연속되어도 본질은 모두 어리석음과 욕망과 게으름으로 인한 것이다. 그러므로 어떤 고난도 알아차리면 못 받아들일 것이 없다. 고난을 겪을 때 절벽 끝에 서있는 두려움과 살을 저미는 아픔이 있지만 죽는 것보다 낫다고 여기면 견딜 수 있다.

살아있는 것이 다행이라고 여기고 시간을 벌면 고난에 대한 면역이 생겨 다시 숨 쉬고 살 수 있다. 삶은 고난의 연속이고 이 길은 어리석은 자의 불가피한 여정이다.

206. 마음

상대에게 관심을 갖는 것은 그만큼 상대를 좋아한다는 의미다. 자아가 강하면 상대를 좋아할 때 상대를 자기 뜻대로 소유하려고 한다. 소유하려는 욕망이 지나칠수록 서로 마찰이 커지고 괴로움이 따른다.

내 마음도 어쩌지 못하는데 상대의 마음을 어떻게 할 수 있겠는가? 상대에게 호감을 갖는 것은 어쩔 수 없어도 상대를 집착하는 것은 어리석은 일이다. 좋아하는 것을 절제하지 않는 것이 모든 괴로움의 원인이다.

마음은 매순간 일어나고 사라지면서 지속되기 때문에 같은 마음이 아니다. 매순간 조건에 의해 다르게 일어나는 마음은 무상하고 괴로움이며 무아다. 이러한 마음의 성품을 알지 못하면 결코 괴로움에서 벗어나지 못한다.

207. 선한 행위

남에게 베푸는 마음에도 바라면서 베푸는 마음이 있고 바라지 않고 베푸는 마음이 있다. 바라는 마음으로 베풀면 상대가 자기 뜻대로 하지 않을 때 미워하는 마음이 일어난다. 바라지 않는 마음으로 베풀면 상대가 자기 뜻대로 하지 않아도 미워하는 마음이 일어나지 않는다.

바라는 것과 바라지 않는 것은 자기가 선택한 행위라서 자기가 과보를 받는다. 바라는 마음으로 베풀면 자기 이익을 위한 것이라 반쪽짜리 선행이다. 바라지 않는 마음으로 베풀면 감각적 욕망을 가지고 하지 않는 것이라 온전한 선행이다.

대상을 있는 그대로 알아차릴 때는 바라는 마음이 없다. 그래서 대상을 있는 그대로 알아차리는 수행이 가장 큰 선한 행위다.

208. 노예

당신은 자유를 누리며 사는가, 아니면 노예로 사는가? 노예로 사는 자는 자유를 모른다. 노예로 사는 것에 익숙해지면 노예로 살기를 원한다. 어리석음과 욕망의 노예로 살면 이것에서 벗어나는 길을 모르며 벗어나는 것을 두려워한다.

오히려 어리석음과 욕망을 추구하는 것에 열정을 쏟고도 부족해서 아쉬워한다. 윤회하는 생명은 누구나 어리석음과 욕망의 노예다. 노예로 사는 근본원인은 자아다. 내가 있다는 견해로 인해 어리석음과 욕망의 불이 꺼지지 않아 영원히 노예로 산다.

내가 있다는 잘못된 견해가 나를 노예로 살게 한다. 몸과 마음을 있는 그대로 알아차려서 무아의 지혜가 나야 모든 속박에서 벗어난 완전한 자유를 얻는다.

209. 정법

기회가 없어서 문제를 해결하지 못하는 것이 아니다. 대처방법이 잘못되어서 문제를 해결하지 못한다. 몸과 마음을 있는 그대로 알아차리는 정법을 통해서만이 모든 문제를 원만하게 해결할 수 있다.

정법을 확립하려면 정법의 방식으로 해야지 자기 고정관념으로 해서는 안 된다. 정법대로 하지 않고 자기 성질대로 하면 문제가 해결되지 않는다. 문제는 밖에 있지 않고 자기 마음가짐에 있다. 대상을 알아차려서 받아들이는 자기 마음이 바뀌어야 한다. 이것이 대상에 개입하지 않고 있는 그대로 알아차리는 수행이다.

훌륭한 가르침을 듣는다고 문제가 해결되지 않는다. 선입관을 가지고 바꾸려고 하지 않아야 바르게 개선될 수 있다.

210. 괴로움의 진실

지금 괴로우십니까? 괴로움에 감사합니다. 괴로움이 있어 숨 쉬고 사는 것이 감사한지 알았습니다. 괴로움이 있어 먹고 입고 잠자는 것이 감사한지 알았습니다. 괴로움이 없었다면 이 모든 것이 감사한 일인지 몰랐을 것입니다.

괴로움이 있어 과거의 어리석음과 현재의 욕망이 모든 괴로움의 원인이라는 것을 자각했습니다. 괴로움은 나를 괴롭히기 위해서 나타나지 않고 오히려 깨어나게 했습니다. 괴로움은 와서 보라고 나타났습니다.

괴로움은 과거의 잘못을 살펴보고 새로운 미래를 계획하라고 말합니다. 괴로움이 없었다면 거짓이 없는 엄숙한 현실을 알지 못했을 것입니다. 지금 이 괴로움이 있어 나와 이 세상의 진실을 알았습니다.

211. 좋은 일, 나쁜 일

사노라면 좋은 일도 있고 나쁜 일도 있다. 항상 좋은 일만 있기를 바라는 것은 욕망이다. 좋은 일이 있기만 바라면 좋은 일이 생기지 않아서 괴롭고 나쁜 일이 생겼을 때 괴롭다. 좋은 일은 좋은 조건이 성숙되었기 때문에 생긴다. 나쁜 일이 있는 것은 나쁜 조건이 성숙되었기 때문이다.

좋은 일이나 나쁜 일이 모두 그렇게 생길만해서 생긴 것이다. 모두 생길만해서 생긴 것이라고 알아차려야 좋은 일과 나쁜 일에서 벗어난 자유를 얻는다. 좋고 나쁜 기준은 자기 견해일 뿐이다.

내가 바라던 것을 얻었을 때 좋아하지 않아야 가진 것이 사라졌을 때 괴롭지 않다. 오르면 내려가야 하고 가득차면 기울어야 하고 만나면 헤어져야 한다.

212. 강함과 부드러움의 조화

강한 성격의 소유자라고 강한 성품만 있지 않다. 어느 부분에서는 부드러움도 있다. 강한 자는 자기 허약함을 드러내지 않으려고 강한 태도를 보일 수 있다. 강해도 부드러운 성품이 계발되지 않았을 뿐 강함만 있지 않다. 강함만 있으면 고독하므로 부드러움을 보완해야 한다.

부드러운 성격의 소유자라고 부드러운 성품만 있지 않다. 어느 부분에서는 강함도 있다. 부드러운 자는 자기 독선을 드러내지 않으려고 부드러운 태도를 보일 수 있다. 부드러워도 강한 성품이 계발되지 않았을 뿐 부드러움만 있지 않다.

부드러움만 있으면 유약하므로 강함을 보완해야 한다. 욕망에는 강함으로 맞서고 관용은 부드러움으로 맞이해야 한다.

213. 괴로움의 소멸

괴로워하지 말고 괴로움을 있는 그대로 알아차리십시오. 먼저 괴로워하는 마음을 알아차리십시오. 그 뒤 괴로운 마음으로 인해서 생긴 가슴의 느낌이나 호흡을 알아차리십시오. 이미 생긴 괴로움은 피할 수 없습니다.

괴로움을 몸과 마음으로 받아들이는 것이 괴로움에서 벗어나는 유일한 길입니다. 괴로움은 과거의 원인으로 인해서 생긴 결과입니다. 괴로움을 있는 그대로 알아차리면 현재도 괴롭지 않고 미래도 괴롭지 않습니다.

인간으로 태어난 사명은 괴로움을 알아차려서 생긴 통찰 지혜로 괴로움의 원인을 제거하는 것입니다. 괴로움은 피할수록 더 괴롭습니다. 괴로움은 탐욕으로 인해서 생긴 하찮고 실체가 없는 순간의 느낌입니다.

214. 죽음을 향해서 가는 자

죽음을 향해서 가는 자와 죽지 않는 길을 향해서 가는 자가 있다. 범부는 죽음을 향해서 가는 자로 어디서 와서 어디로 가는지 모르고 산다. 원인과 결과를 모르면 태어나서 오직 죽음을 향해서 간다.

삶은 죽음으로 끝나지 않는다. 죽으면 다시 태어나서 또 죽음을 향해서 간다. 태어난다는 것은 다시 형장의 이슬로 사라지는 길을 가는 것이다. 어리석으면 삶이 괴로움인지 모르고 즐거움으로 알아 다시 태어나서 죽기를 바란다.

누구도 다시 태어나는 길이 아닌 다른 길을 몰라 끝이 없는 형벌을 받는다. 죽음을 향해서 가는 자는 탐욕과 성냄과 어리석음을 가지고 산다. 이 모든 원인에는 자아가 있다는 잘못된 믿음이 있다.

옹 달 샘

[8]

바른 삶

지금까지 잘못 살아 온 것이 문제가 아니다.
잘못 살아 온 것을 모르는 것이 문제다.
잘못 산 것을 아는 것이 지혜다.
인간은 선한 마음과 선하지 못한 마음을 함께 가지고 있다.
누구나 관용과 자애와 지혜가 있지만
탐욕과 성냄과 어리석음도 함께 가지고 있다.

215. 죽음을 향해서 가지 않는 자

죽음을 향해서 가는 자와 죽지 않는 길을 향해서 가는 자가 있다. 성자는 죽음을 향해서 가지 않는 자로 어디서 와서 어디로 가는지 알고 산다. 과거의 무명과 갈애를 원인으로 태어난 것을 알면 현재 똑같은 일을 되풀이 하지 않아 죽음을 향해서 가지 않는다.

누구나 태어나면 반드시 죽는다. 하지만 성자는 무상, 고, 무아의 지혜가 나서 집착이 소멸하여 죽은 뒤에 다시 태어나지 않는다. 지혜가 나면 괴로움을 괴로움으로 즐거움을 즐거움으로 알아 다시 태어나 또 죽기를 원하지 않는다.

성자는 더 이상 슬픈 눈물을 흘리지 않고 오랜 방황을 끝낸다. 죽지 않는 길을 가려면 대상을 있는 그대로 알아차려서 감각적 욕망이 소멸되어야 한다.

216. 법의 진실

태어나는 기쁨만 알지 죽는 괴로움은 모른다. 만나는 즐거움만 알지 헤어지는 슬픔은 모른다. 얻는 즐거움만 알지 사라지는 괴로움은 모른다. 태어나면 죽어야 하고 만나면 헤어져야 하고 얻은 것은 사라진다.

태어남은 죽음의 고통을 피할 수 없고, 만나면 헤어지는 슬픔을 피할 수 없고, 얻으면 사라지는 손실을 피할 수 없다. 내가 있어서 모든 것을 마음대로 할 수 있는 것이 아니다. 내가 있어서 모든 것을 마음대로 소유할 수 있는 것도 아니다.

마음은 있지만 조건에 의해 일어나고 사라지는 마음이라 내 마음이 아니다. 모든 것은 단지 일어나서 사라지는 연속적인 과정만 있다. 법을 모르면 괴롭게 살아야 하고 알면 괴롭지 않게 산다.

217. 무상

모든 것은 변한다. 내 마음도 변하고 남의 마음도 변한다. 내 몸도 변하고 남의 몸도 변한다. 이 세상이 항상 변한다. 모든 것이 변할 때 선한 쪽으로 변하기도 하고 선하지 못한 쪽으로 변하기도 한다.

모든 것이 변할 때 관대한 쪽으로 변하기도 하고 이기적인 쪽으로 변하기도 한다. 모든 것이 변할 때 내 뜻대로 변하기도 하고 내 뜻과 다르게 변하기도 한다. 모든 것이 변할 때 변하는 것을 받아들이기도 하고 받아들이지 못하기도 한다.

어차피 변하는 것이라면 선하게 변해야 하고 관대하게 변해야 하고 변하는 것을 있는 그대로 받아들여야 한다. 남이 선하지 못하게 변한다고 나까지 따라 해서는 안 된다. 나는 바르게 변해야 한다.

218. 부끄러움

과거의 잘못을 생각하면 부끄럽다. 부끄러움이 있으면 양심과 수치심이 있다. 양심과 수치심이 없으면 부끄러움도 없다. 부끄러움도 없으면 잘못이 개선될 여지가 없다. 부끄러워한다고 같은 잘못을 되풀이 하지 않는 것이 아니다.

과거나 현재나 미래나 어리석음과 욕망을 가지고 살면 같은 일을 한다. 생각으로만 부끄러워하면 똑같은 잘못을 저지른다. 생각은 자기 수준으로 아는 것이라 완전하게 아는 것이 아니다. 지혜가 나서 부끄러운 줄 알아야 완전하게 알아 잘못을 끊을 수 있다.

몸과 마음을 알아차려서 무상, 고, 무아의 지혜가 나야 사물의 바른 이치를 안다. 지혜가 나지 않아 내가 있다는 유신견이 있으면 같은 잘못을 반복한다.

219. 불편의 진실

사소한 불편도 참지 못하면 불만을 늘어놓기 마련이다. 불만이 많으면 나도 힘들고 남도 힘들다. 불편함도 실재하는 것이면 하나의 진실이다. 무엇이나 있는 그대로 받아들이지 못하면 이기적인 욕망으로 판단한다.

편리함에 길들여지면 불편함을 참지 못해 화를 낸다. 불편하다고 화를 내면 철없는 어린아이이다. 세상의 일을 무조건 자기 기준에 맞추려고 해서는 안 된다. 몸과 마음이 아파서 불편해도 자기 뜻대로 할 수 없다.

세상은 나를 따라오지 않는다. 불편을 견디는 것이 성숙한 인간의 모습이다. 불편을 참지 못하면 인내가 부족해서 아무것도 성취하지 못한다. 사소한 것도 참고 견디지 못하면 수행을 하지 못해 행복을 얻지 못한다.

220. 바른 삶

지금까지 잘못 살아 온 것이 문제가 아니다. 잘못 살아 온 것을 모르는 것이 문제다. 잘못 산 것을 아는 것이 지혜다. 인간은 선한 마음과 선하지 못한 마음을 함께 가지고 있다. 누구나 관용과 자애와 지혜가 있지만 탐욕과 성냄과 어리석음도 함께 가지고 있다.

그러므로 바르게 살기도 하고 바르지 못하게 살기도 한다. 바르게 살려면 단지 아는 것으로 그치지 않고 몸과 마음을 있는 그대로 알아차려야 한다. 바르게 살아도 알아차리지 못하면 바르지 못하게 산다. 바르지 못하게 살아도 알아차리면 바르게 산다.

몸과 마음을 있는 그대로 알아차리면 번뇌가 소멸하여 바른 삶을 산다. 바른 삶을 살면 가야할 길을 알아 오랜 방황이 끝난다.

221. 가르침과 의도

바른 가르침이 없어서 배우지 못하는 것이 아니다. 바른 가르침이 있어도 배우려는 의도를 내지 않아서 배우지 못한다. 바른 가르침을 배우려는 의도를 내지 못하는 것은 과거의 악업이 현재의 마음을 덮어버리기 때문이다. 그러면 세세생생 윤회의 괴로움 속에서 신음하며 산다.

어쩌다 선업의 공덕이 있어서 바른 가르침을 만나 배울 기회가 있다. 하지만 배움을 지속하지 못하는 것은 선업의 공덕이 소진했기 때문이다. 세상은 내 의도대로 살지 못한다. 과거에 지은 선업과 악업의 과보대로 산다.

과보가 자기 의도며 습관이며 성격이며 축적된 성향이다. 없는 선업을 탓하지 말고 알아차려서 새로운 선업을 만들어 방황을 끝내야 한다.

222. 나의 힘

나의 힘이 있어야 나의 행복이 있고 남에게 행복을 줄 수 있다. 내 힘을 키우는 것보다 더 우선하는 일은 없다. 나의 힘은 나의 바른 의도다. 나의 바른 의도가 나를 바르게 이끌어가므로 먼저 바른 의도를 갖는 것이 중요하다.

나의 힘이란 내가 바르게 생존하는 마음가짐이다. 내가 힘이 있어야 어리석음을 극복하고 지혜를 얻어 괴로운 세상과 맞설 수 있다. 내가 힘이 없으면 감각적 욕망의 물결에 휩쓸려 끝없이 방황한다. 나를 바르게 지탱하는 것은 오직 나의 힘이다.

나의 힘은 나의 내면에서 나온다. 나의 내면의 힘은 내 몸과 마음을 알아차려서 생긴 고요함에서 나온다. 탐욕과 성냄을 알아차려서 고요해져야 나의 바른 힘이 생긴다.

223. 괴로움의 진실

내가 괴로우면 관용도 없고 자애도 없다. 내가 괴롭지 않은 것보다 더 우선하는 것은 없다. 내가 괴로운 것은 욕망을 가지고 있기 때문이다. 바라는 것이 충족되지 않으면 화를 내고 괴롭다.

욕망의 특성은 만족할 수 없는 것이다. 아무리 가져도 만족할 수 없다면 항상 괴로울 수밖에 없다. 욕망을 버리지 못하는 것은 어리석음 때문이다. 어리석으면 욕망이 괴로움인지 몰라 고통의 늪에서 헤어나지 못한다.

어리석음은 내가 있다고 하는 견해 때문이다. 내가 있다면 무엇이나 내 마음대로 할 수 있어야 한다. 하지만 몸과 마음을 소유하는 자아는 없다. 모든 괴로움은 욕망 때문이며 욕망은 어리석음 때문이며 어리석음은 자아 때문이다.

224. 믿을 수 없는 마음

나의 마음을 믿어서는 안 된다. 나는 마음을 가지고 살지만 마음이 조건에 의해 변하는 기능을 할뿐이지 내가 소유할 수 없으며 마음대로 할 수 없다. 내 마음을 믿을 수 없으면 남의 마음도 똑같이 믿을 수 없다.

조금 전의 마음과 현재의 마음은 다르며 현재의 마음과 지금 이후의 마음도 다르다. 모든 마음을 불신하라는 것이 아니다. 마음은 나의 마음이 아니라서 무아며 조건에 의해 매순간 일어나고 사라져서 무상하므로 믿을 것이 못 된다는 것이다.

이러한 마음의 진실은 누구도 예외가 있을 수 없다. 믿을 수 없는 마음을 믿도록 하려면 자기 마음을 알아차려야 한다. 자기 마음을 알아차리는 순간에는 마음이 청정하여 믿을 수 있다.

225. 자연의 섭리

죽으면 끝인 것을 알지만 아직도 더 많이 얻으려하고 더 많이 미워하고 산다. 죽으면 끝인 것을 지혜로 알면 관용으로 대하고 자애로 대하고 모든 것을 감사하게 여긴다. 죽음을 알면서도 욕망과 성냄을 멈추지 않으면 생각으로 안 것이다.

앞서간 부모와 가족과 선배가 아무 것도 가지고 가지 못하고 세상을 떠난 것을 보고도 내 일처럼 여기지 않는다. 나도 언젠가 똑같은 길을 가는 것을 알지만 외면한다. 생각은 평생을 해도 생각으로 그치고 말아 진실을 보지 못한다.

대상을 있는 그대로 알아차려서 생각을 멈추고 무상의 지혜를 얻으면 더 이상 욕망과 성냄 없이 산다. 태어나서 죽는 자연의 섭리에 귀의할 때 해탈의 자유를 얻는다.

226. 탐욕의 속성

상대에게 관심을 갖는 것은 그만큼 상대를 좋아하기 때문이다. 좋아하는 마음을 알아차리지 못하면 집착을 하여 탐욕으로 변한다. 좋아하는 마음이 탐욕이 되면 그만큼 상대를 자기 뜻대로 하려고 한다.

상대를 소유하려는 탐욕이 지나칠수록 마찰이 크고 괴로움이 따른다. 누구나 자아를 가지고 있어서 상대에게 합당한 배려를 하지 못한다. 인간이 겪는 모든 괴로움은 자아와 탐욕이 결합된 것이라서 항상 괴로운 결과를 가져온다.

탐욕은 단순하게 탐욕 하나만 있지 않고 내가 있다는 자아와 함께 있어 끊임없이 연료를 공급받는다. 탐욕과 자아가 결합하면 자만에 빠져 거만해진다. 이 모든 것들이 알아차리지 못해서 생긴 어리석은 결과다.

227. 위빠사나 수행

위빠사나 수행은 몸과 마음을 알아차려서 존재의 성품을 아는 지혜수행이다. 몸과 마음을 알아차릴 때는 여섯 가지 감각기관을 알아차리기도 하고, 여섯 가지 감각대상을 알아차리기도 하고, 여섯 가지 아는 마음을 알아차리기도 한다.

몸과 마음의 안과 밖과 안팎을 알아차려서 존재의 성품인 무상, 고, 무아의 지혜가 나면 모든 집착을 여읜다. 집착이 소멸하여 더 이상 바라는 마음이 없어지면 다시 태어나지 않아 괴로움이 소멸한다.

위빠사나 수행은 불가능한 것을 가능하게 하는 수행이 아니다. 몸과 마음을 알아차려서 실현 가능한 것을 실천하는 수행이다. 몸과 마음이 아닌 다른 대상에서는 핵심의 본질에서 벗어나 궁극의 이치에 이르지 못한다.

228. 불법(佛法)

불법은 몸과 마음을 있는 그대로 알아차려서 괴로움을 극복하고 행복을 얻는 가르침입니다. 불법이 어렵다고 말하지 마십시오. 불법은 그간 경험하지 못한 새로운 정신세계를 가는 길이라 낯설 뿐입니다.

불법이 어렵다고 하는 것은 자기 기준으로 받아들이기 때문입니다. 불법은 불법의 기준으로 대해야 합니다. 어렵다고 했을 때는 '내가 어렵다고 하고 있네' 하고 알아차리십시오. 어렵다고 하는 것은 부정하는 것이고 어렵다고 한 것을 알아차리는 것은 긍정하는 것입니다.

불법은 무엇이나 있는 그대로 긍정하는 가르침입니다. 자기 입장으로 대하면 진실에 접근하지 못합니다. 법을 받아들이는 자세가 법의 문이 닫히게 해서는 안 됩니다.

229. 마음의 결합

인간은 선한 마음과 악한 마음을 함께 가지고 있다. 또 과거에 선한 행위를 해서 생긴 선한 과보의 마음과 악한 행위를 해서 생긴 악한 과보의 마음도 함께 가지고 있다. 이 과보의 마음이 자기 습관이며 잠재성향이다.

선한 마음이 선한 과보의 마음과 결합하면 더 선한 마음이 된다. 악한 마음이 악한 과보의 마음과 결합하면 더 악한 마음이 된다. 선한 마음이 있어도 악한 과보의 마음이 많으면 악한 마음이 된다. 악한 마음이 있어도 선한 과보의 마음이 많으면 선한 마음이 된다.

이처럼 인간의 마음은 조건에 따라 결합하면서 생멸한다. 선한 마음과 선한 과보의 마음이 결합하여 행복을 얻으려면 오직 현재의 마음을 알아차려야 한다.

230. 괴로움의 소멸

불법은 괴로움만 말하는 염세주의가 아니고 괴로움이 소멸한 해탈의 길을 제시한다. 괴로움은 참기 어려운 것이며 불만족이다. 괴로움은 하찮고 실체가 없는 것이지만 자기 욕망이 충족되지 않아서 생기는 일상의 고통이다.

괴로움을 소멸시키려면 괴로움과 싸워서는 안 된다. 괴로움을 없애려고 하거나 괴로움이 아닌 다른 대상을 탐닉해서도 안 된다. 단지 괴로움이 있는 것을 알아차려야 한다. 괴로움을 있는 그대로 알아차리는 순간 마음이 청정해져 괴로움이 사라진다.

알아차리는 마음이 새로 일어나면 있는 마음은 사라진다. 이때의 소멸은 일시적인 소멸이다. 알아차림을 지속해 집중이 되면 지혜가 나서 괴로움이 완전하게 소멸된다.

231. 아는 자

내가 가졌다고 아는 자는 갖지 못한 자다. 내가 가졌다고 알면 지혜를 갖지 못하고 어리석음 가진 자로 불행하다. 내가 갖지 않았다고 아는 자가 가진 자다. 내가 갖지 않았다고 알면 지혜를 가져 어리석지 않은 자로 행복하다.

권력을 가진 자, 재물을 가진 자, 학식을 가진 자, 미모를 가진 자가 내가 가졌다고 생각하면 가진 것으로 인해 괴롭다. 내가 가졌다고 아는 자는 오만에 빠져 진실을 보지 못해 가진 것으로 인해 더 괴로움을 겪는다.

내가 갖지 않았다고 아는 자는 겸허하게 있는 그대로의 진실을 보아 갖거나 갖지 않은 것으로 인해 괴로움을 겪지 않는다. 가지고도 괴로우면 무아를 갖지 못하고 자아를 가져서 괴로움의 끝이 없다.

232. 팔정도의 지혜

진리는 사성제 고집멸도(苦集滅道)고 정도는 팔정도다. 사성제 중에서 괴로움을 소멸시키는 도성제가 팔정도다. 팔정도에서 지혜는 정견과 정사유다. 정견은 대상을 바르게 인식하는 것이다.

몸과 마음을 있는 그대로 알아차리면 존재의 성품인 무상, 고, 무아의 지혜가 난다. 세 가지 지혜가 날 때 잘못된 견해가 제거되고 바른 견해가 생긴다. 정사유는 바른 의도, 바른 사유, 바른 겨냥이다.

바른 겨냥이 있어야 바른 견해가 생긴다. 정사유가 있으면 바르지 못한 것에 마음을 기울이지 않고 바른 것에 마음을 기울인다. 몸과 마음을 있는 그대로 알아차리는 행위가 으뜸가는 정사유다. 오직 지혜만이 잠재성향의 번뇌까지 소멸시킬 수 있다.

233. 팔정도의 계율

팔정도의 계율은 바른 말, 바른 행위, 바른 직업을 갖는 것이다. 계율을 실천하려면 대상을 있는 그대로 알아차려야한다. 알아차림은 선한 행위이기 때문에 알아차리는 순간 계율을 실천한다.

알아차리면 선하지 못한 마음을 억제하고 선한 마음을 가져 비도덕적인 것이 발을 붙이지 못한다. 팔정도의 계율은 윤리적인 측면보다 정신적인 측면이 강하여 의식을 고양시킨다. 계율은 수행의 토대이지만 목표가 아니고 수단이다.

계율을 지키는 것은 절제하는 것으로 들뜸을 제거한다. 들뜸이 제거되면 정신적 안정을 얻어 집중과 지혜를 계발한다. 계율을 지켜 고요한 마음으로 집중이 되면 존재의 성품을 아는 지혜를 얻어 해방의 자유를 얻는다.

234. 팔정도의 집중

팔정도의 집중은 정정진, 정념, 정정이다. 세 가지는 통찰 지혜를 얻는 데 필수적 토대다. 정정진은 바른 노력이며 정념은 바른 알아차림이고 정정은 바른 집중이다. 세 가지가 적절하게 조화를 이루어야 집중이 되어 지혜로 이끈다.

바른 노력은 악업이 일어나지 않도록 하고 일어난 악업은 소멸시키고 선업이 일어나도록 하고 일어난 선업은 증장시킨다. 악업은 다섯 가지 장애고 선업은 일곱 가지 깨달음의 요소다. 바른 알아차림은 몸과 마음을 있는 그대로 알아차리는 행위로 모든 면에서 팔정도를 이끄는 가장 중요한 요소다.

집중은 사마타 수행의 근접집중과 근본집중으로 선정을 얻고, 위빠사나 수행의 찰나집중으로 통찰지혜를 얻는다.

235. 나의 생각

내 생각이 옳다고 주장해도 반드시 옳은 것은 아니다. 단지 내가 옳다고 생각하는 것일 뿐이다. 자신의 주장만 내세우면 다른 사람의 생각이 잘못되었다고 부정한다. 나만 옳다는 것은 이기적인 독선이라서 자기를 해치고 남을 해친다.

자기가 옳다고 주장하는 것이 세속의 정서다. 세속에서는 오직 자신의 생각을 관철하려고 투쟁을 한다. 하지만 싸워서 이긴다고 이기는 것이 아니다. 이기고 지는 것이 아닌 진실을 아는 것이 승리하는 것이다.

진실을 알려면 옳고 그름을 떠나 이런 생각도 있고 저런 생각도 있다는 사실을 받아들여야 한다. 상대의 생각이 잘못되었다고 판단이 되더라도 상대의 생각으로 존중하는 것이 출세간이다.

236. 나를 위해서

내가 있는 한 오직 나를 위해서 살아야 한다. 나를 위해서 사는 것도 두 가지가 있다. 내가 있다는 견해로 나를 위해 사는 것과, 내가 없다는 견해로 나를 위해 사는 것이다. 내가 있어서 나를 위해 살면 자아가 있어 탐욕과 성냄과 어리석음이 있다.

내가 없지만 나를 위해 살면 무아라서 관용과 자애가 지혜가 있다. 내가 있다는 견해는 자기 위주라서 이기적이므로 자유가 없다. 내가 없다는 견해는 집착할 것이 없어 관대하므로 자유가 있다.

내가 없다는 무아는 몸과 마음을 알아차려서 얻는 지혜로 최종적이며 궁극의 가치다. 내가 있다는 견해는 괴로움뿐인 윤회를 한다. 내가 없다고 알 때 집착이 소멸하여 괴로움뿐인 윤회가 끝난다.

237. 인연

인연이란 사람의 만남과 헤어짐이다. 만남과 헤어짐 속에 선업과 악업이 있고 기쁨과 슬픔이 있고 길고 짧음이 있고 적고 많음이 있다. 만나야 할 사람과 만나지 못하고 헤어져야 할 사람과 헤어지지 못하는 것이 인연이다.

만나야 할 사람을 만나고 헤어져야 할 사람과 헤어지는 것도 인연이다. 인연이란 원인과 결과다. 과거의 원인으로 현재의 결과가 있고 현재의 원인으로 미래의 결과가 있다. 인연이란 업이다. 과거의 행위로 인해 현재의 결과를 받는 것이 인과응보다.

인연은 내 뜻대로 할 수 있는 부분과 할 수 없는 부분이 함께 결합해있다. 과거의 원인은 내 뜻대로 할 수 없다. 현재 새로운 원인을 만드는 것은 내 뜻대로 할 수 있다.

238. 나의 적

나의 적은 밖에 있지 않고 내 마음에 있다. 나의 적은 내 안에 있는 악한 마음이다. 악한 마음이 있는 순간에는 선한 마음이 자리 잡지 못한다. 악한 마음은 현재도 나를 괴롭히고 죽은 뒤에도 괴로움만 있는 세계로 이끈다.

나의 적은 내 안에 있는 탐욕과 성냄과 어리석음이다. 탐욕과 성냄과 어리석음이 있는 순간에는 관용과 자애와 지혜가 자리 잡지 못한다. 탐욕과 성냄과 어리석음은 바르지 못한 것을 바르게 보게 하여 나를 장님과 귀머거리로 살게 한다.

나의 가장 큰 적은 내가 있다는 자아다. 자아가 있는 순간에는 무아가 자리 잡지 못한다. 자아는 어리석음 중에서 가장 큰 어리석음으로 나를 감각적 욕망의 화신으로 살게 한다.

239. 생명의 존엄성

존엄성을 갖되 나의 존엄성을 가지려고 하지 마라. 생명의 존엄성을 가져야 한다. 나의 존엄성을 지키려는 마음은 이기적인 욕망이 될 수 있다. 모든 생명은 살기 위해서 태어났다. 산다는 것은 생명의 권리며 의무다.

살아있는 모든 생명에 대한 존엄성을 갖는 것이 진실에 귀의하는 것이다. 나는 부르기 위한 명칭으로 관념이다. 허세의 상징인 나를 위해 노력하면 생명의 존엄성을 망각한다. 모든 생명이 저마다 존엄성을 지킬 때 평화가 있다.

생명의 존엄성이 지켜지지 않으면 살상만 있다. 모든 생명의 존엄성을 존중할 때 자유가 있다. 도덕적 규범에 어긋나는 행동을 하는 생명도 보호받을 수 있을 때 진정한 평화와 자유가 있다.

240. 단순함

인간이 사는 것은 특별하지 않고 매우 단순하다. 태어나서 성장하다 늙고 병들어 죽는 것이 전부다. 인간의 삶은 먹고 배설하고 입고 잠자는 것이다. 이런 단순함 속에서 자기가 가진 지혜와 어리석음의 양만큼 즐거움과 괴로움이 있다.

현상을 단순하게 아는 것이 지혜고 복잡하게 아는 것이 어리석음이다. 단순하게 알면 마음이 고요해져 원인과 결과를 아는 지혜가 생겨 의심에서 벗어난다. 또 모든 것이 변하는 것을 알고, 사는 것이 괴로움인지 알고, 내 마음대로 할 수 없는 것을 알아 집착을 여읜다.

복잡하게 알면 욕망이 눈을 가려 진실을 보지 못해 어리석게 산다. 단순함의 진실을 모르고 특별한 것을 찾는 순간 욕망의 노예가 된다.

241. 알아차림과 적절함

모든 행위 중에서 오직 알아차림만 많을수록 좋다. 알아차림을 제외한 다른 행위는 적절한 것이 좋다. 알아차림이 많을수록 좋은 것은 알아차림에 의해서만이 모든 것을 적절하게 할 수 있기 때문이다.

알아차림이 있을 때는 선한 마음으로 지혜가 있다. 알아차림이 없을 때는 선하지 못한 마음으로 어리석음이 있다. 알아차림은 깨어서 대상을 지켜보는 행위이기 때문에 옳고 그름에 대해 치우침이 없어 적절하다.

적절한 것은 균형이 있는 것이라서 중도다. 균형이 있으면 많지도 적지도 않아 평정심을 유지할 수 있다. 적절하면 몸과 마음이 경쾌하고 부드러우며 모든 일을 바르고 능숙하게 할 수 있다. 적절함이 안정적인 발전을 가져온다.

242. 좋아서 하는 일

내가 좋아서 하는 일이 모두 좋은 결과를 가져오지는 않는다. 모든 일이 내 마음대로 되지 않는다. 그럼에도 자기가 좋아서 하는 일은 항상 좋은 결과를 기대한다. 이것이 괴로움의 원인이다.

내가 좋아하는 일이지만 좋은 결과를 기대해서는 안 된다. 좋아서 하되 바람이 없이 해야 한다. 좋아서 하는 일도 단지 필요한 일이라서 해야 바람 없이 할 수 있다. 좋아서 하는 일에 바람이 있으면 바란 만큼 괴롭다.

좋아하는 일은 더 좋기를 바라는 집착이 있어 그만큼의 고통이 따른다. 내가 좋아하는 것을 탐욕으로 하고, 성냄으로 하고, 어리석음으로 할 수 있다. 좋아하는 것을 너무 집착하지 말고 알아차리면서 하면 청정하게 할 수 있다.

243. 꿈과 진실

간밤에 꾼 꿈이 허망한데 꿈속에서 사는 인생도 허망하다. 이렇게 어제도 가고 또 오늘도 간다. 하루가 건듯 부는 바람처럼 스쳐 지나간다. 이것이 사는 것인가 소모하는 것인가? 보고 듣고 맛보고 냄새 맡고 기억하고 생각하는 것도 예전 같지 않다.

무료하게 앉아 죽음을 기다리는 것밖에 할 일이 없는 것이 모두 꿈과 같아 허망하다. 허망한 것이 무상이고 괴로움이며 무아다. 하지만 모든 것이 다 허망한 것만은 아니다. 무상하고 괴로움이며 무아의 진실이 있기 때문이다.

꿈을 꿈으로 보고 진실을 진실로 보면 인생이 가치가 있다. 불가피한 무상과 괴로움과 무아를 받아들이면 허망하지 않다. 원래 실체가 없는 것이라고 알면 그만이다.

244. 혐오의 지혜

위빠사나 수행의 지혜가 성숙되는 과정에 혐오하는 지혜의 단계가 있다. 정신과 물질을 구별하는 지혜로 시작하여 두려움의 지혜와 고난의 지혜를 거치면 미워하고 싫어하는 혐오의 지혜에 이른다.

혐오하는 것이 지혜인 것은 내면에 있는 혐오가 표면으로 드러나면 대상으로 알아차릴 수 있기 때문이다. 수행을 할 때 잘못된 것이 드러나면 알아차려서 개선할 기회가 생긴다. 혐오의 지혜에 이르면 몸과 마음이 실체가 없고 기댈 것이 없어 싫은 마음이 생긴다.

이때 행복하지 않아 수행에 대한 열의가 식는다. 수행 중에 이런 과정은 필연적이다. 하지만 이런 현상을 알아차리면 여기서 벗어나 해탈을 얻으려는 지혜가 생겨 열반에 이른다.

245. 괴로움의 극복

내가 좋아서 하는 일도 선한 마음으로 하는 일이 있고 선하지 못한 마음으로 하는 일이 있다. 선한 일을 할 때나 선하지 못한 일을 할 때나 모두 좋아서 하는 일이며 바라는 마음으로 한다. 바라고 하는 일은 반드시 괴로움이 따른다.

선한 일이나 선하지 못한 일이나 바라는 마음으로 하지만 그만큼의 결과를 얻지 못한다. 어떤 일도 욕망을 충족시키는 결과를 얻을 수 없다. 하지만 바라는 마음으로 한 일에 괴로움이 따르는 것이 잘못된 것만은 아니다.

바라는 마음으로 인해 괴로울수록 오히려 집착을 끊을 수 있는 기회다. 지혜가 있어 괴로움을 받아들이면 고통을 극복한다. 어리석어서 괴로움을 받아들이지 못하면 고통이 더욱 커진다.

石州酒肆

옹달샘

[9]

홀로 진실을 아는 자

대상을 있는 그대로 알아차리면
어리석은 자들 속에서 홀로 지혜를 가진 자다.
어리석은 자는 대상을 있는 그대로 알아차리지 못하고
선입관으로 보아 진실을 모른다.
어리석은 자들 속에서 홀로 지혜를 가진 자는
외롭지 않고 충만한 기쁨으로 산다.

246. 출구

절대 있을 수 없는 일이라고 부정하지 마라. 어떤 일이나 이미 생긴 일은 있을 수 있다. 있을 수 없는 일로 부정하면 출구가 없다. 있을 수 있는 일로 긍정해야 출구가 있다. 모든 일은 옳고 그름을 떠나 하나의 대상으로 알아차려서 분리해야 한다.

분리가 안 되면 출구가 닫히고 분리가 되면 출구가 열린다. 이미 생긴 일이 결론이므로 다른 결론을 얻으려고 하지마라. 이미 생긴 일은 도덕적이거나 비도덕적이거나 과거다. 인간은 천인의 마음과 악마의 마음을 함께 가지고 있어 어떤 일을 할지 알 수 없다.

잘못은 자기가 할 수도 있고 가족과 친척이 할 수도 있다. 모든 행위는 행위를 한 자가 합당한 과보를 받으므로 내가 단죄할 것 없다.

247. 길고 짧음이 없다

기다리는 시간은 길고 사라지는 시간은 짧다. 기다리고 사는 일생은 길지만 죽는 순간은 짧다. 기다릴 때는 인고의 노력이 필요하지만 사라질 때는 붙잡으려고 노력할 사이도 없이 사라진다. 하지만 시간은 길고 짧음이 없다.

인생도 길고 짧음이 없다. 인생은 길고 죽음은 짧게 느끼는 것은 단지 생각에 불과하다. 모든 것은 매순간 일어나고 사라진다. 동쪽에서 해가 떠서 서쪽으로 사라지는 과정에 해가 떠서 사라질 때까지는 길고 사라지는 순간은 짧게 느낀다.

실재는 해가 뜨는 순간부터 꿈틀거리기 때문에 생멸이 연속되는 과정만 있다. 생각으로 알면 기다리는 시간이 긴 것 같지만 진실은 매순간 일어나고 사라지는 시간이 연속된다.

248. 질문

모르는 것은 물어야 한다. 하지만 묻는 것도 정도가 있다. 질문은 때와 장소를 가려서 해야 하고 내용이 적절해야 한다. 질문을 할 때와 하지 말아야 할 때가 있다. 궁금하다고 아무 장소에서나 해서는 안 되며 아무 질문이나 해서도 안 된다.

자기 제어가 없이 질문을 하면 결례를 범한다. 모르면 물어야 하지만 때로는 묻는 것을 참아야 할 필요가 있다. 모든 것을 물어서 다 해결할 수 없다. 모르는 것도 알아차림을 지속하다 보면 하나씩 알아간다.

있는 그대로 알아차려 지혜가 나서 아는 것이 좋다. 남의 말을 듣고 아는 것은 지식이다. 지식은 완전하게 아는 것이 아니다. 바른 사유와 체험을 통해 지혜로 알아야 완전하게 아는 것이다.

249. 죽음

괴롭다고 자기 목숨을 끊지 마십시오. 괴로움은 나의 괴로움이 아니고 감각기관이 경험하는 순간의 느낌입니다. 괴로움은 하찮은 것인데 내가 크게 키운 것입니다. 괴로움은 나만 겪는 것이 아닙니다. 누구나 태어나는 순간부터 겪습니다.

괴로움은 와서 보라고 나타난 진실입니다. 진실은 어떤 것이나 있는 그대로 알아차려야 합니다. 괴로움을 알아차리면 지혜가 나 자유를 얻습니다. 죽는다고 고통에서 벗어나지 못합니다. 괴롭다고 목숨을 끊으면 더 괴로운 세계에 태어납니다.

고통밖에 없는 참혹한 세계에 태어나는 것보다 현재의 괴로움이 훨씬 낫습니다. 슬픔과 분노와 좌절을 안고 죽으면 이 마음이 그대로 다음 생으로 갑니다.

250. 한 방울의 욕망

감각적 욕망이 사망을 낳는다. 욕망이 소멸하면 다시 태어나지 않아 죽는 일이 없다. 한 방울 남은 욕망도 조건이 성숙하면 두 방울이 되고 세 방울이 되고 백 방울이 된다. 한 방울의 욕망이 어리석음과 자아와 결합하면 거친 물살이 된다.

욕망은 오랫동안 삶을 지탱해온 정신적 자산이라서 쉽게 소멸되지 않는다. 욕망의 불씨는 항상 조건이 성숙되기를 기다린다. 작은 욕망이라도 주의를 게을리 하지 않고 알아차려야 한다. 욕망에 대응하는 유일한 방법은 욕망이 있는 것을 알아차리는 것이다.

욕망을 알아차려서 관용이 생길 때 욕망이 자리를 잡지 못한다. 한 방울의 욕망이 있어도 위험이 완전하게 제거된 것이 아니므로 경계해야 한다.

251. 시간과 업

의도가 있는 행위를 업(業)이라고 한다. 행위를 한 자는 행위에 따른 과보를 받는다. 시간에 따라 다르게 작용하는 업은 네 가지가 있다. 첫째, 즉각적으로 효과가 나타나는 업이 있다. 현재 선업을 행하면 즉각 선업의 과보를 받는다. 불선업을 행하면 즉각 불선업의 과보를 받는다.

둘째, 다음 생에 효과가 나타나는 업이 있다. 이번 생에 한 행위가 다음 생에 조건이 성숙되어서 과보를 받는다. 셋째, 무제한적으로 효과가 나타나는 업이 있다. 가장 강력한 업으로 누구도 피하지 못한다. 최고의 성자조차도 합당한 과보를 받는다.

넷째, 효과가 미치지 않는 업이 있다. 이 업은 더 이상 잠재적인 힘이 없거나 더 큰 힘에 의해 방해를 받는다.

252. 화

사람은 여러 가지 이유로 화를 낸다. 화는 자기에게 내기도 하고 남에게 내기도 하고 세상에 내기도 한다. 화는 바라는 것이 충분하지 않아서 내기도 하고 자존심이 상해서 내기도 하고 일상의 습관으로 내기도 한다.

화를 낼 때는 화를 내는지 모르고 내기도 하고 알고 내기도 하고 알 듯 모를 듯 내기도 한다. 누구에게 화를 내거나 무슨 이유로 내거나 모르고 내거나 알고 내거나 간에 화를 받을 나는 없다. 마음은 매순간 일어나고 사라지며 마음을 소유할 내가 없으므로 화를 받을 나도 없다.

화를 받을 내가 없으니 화를 받을 남도 없고 세상도 없다. 화를 받을 자아가 없는데도 화를 내는 것은 부질없이 허공에다 대고 투정하는 것이다.

253. 이상과 실재

자신이 구현하려는 사회적 이상은 반드시 자신의 도덕적 기반 위에서 이루어져야 한다. 이상이 훌륭해도 자기 마음이 청정하지 못하면 거짓으로 포장된 위선이다. 대의를 위하는 명분이 아무리 뛰어나도 자기 행실이 바르지 못하면 더 큰 해악을 가져온다.

겉과 속이 다른 이중적인 사고를 가지면 자기를 속이고 남도 속인다. 자기를 속이는 어리석음보다 더 큰 어리석음은 없다. 자기를 속이면 영원히 개선될 수 없기 때문이다. 인간은 자기 욕망을 숨기는 고도의 기술이 있다.

명분을 내세우면서도 정작 자기 욕망을 위해 행동한다. 인간은 모든 생명 중에서 가장 강력한 마음을 가지고 있어 성자와 천인의 마음도 있고 악마의 마음도 있다.

254. 무상의 지혜

모든 것은 변한다. 몸도 변하고 마음도 변한다. 감각기관만 변하지 않고 감각대상도 변한다. 모든 것은 일어난 순간에 일어난 자리에서 사라진다. 빠르게 진동하면서 흐르는 것이 인생이고 세월이다.

인간이 사는 것이란 안팎으로 변하는 현상과 부딪치는 것이 전부다. 몸과 마음이 성장하는 과정을 대처하기도 어렵지만 쇠퇴하는 과정을 대처하기도 어렵다. 모든 것은 변하고 변하는 것에 적응하기 어려운 것이 괴로움이다.

변하는 것이 어쩔 수 없는 세상의 질서지만 누구도 이런 변화의 흐름에 익숙하지 않다. 이러한 변화가 인생의 괴로움이다. 하지만 무상의 지혜가 나면 이번 생에 이렇게 온 것처럼 어느 날 미련 없이 사라질 수 있다.

255. 더 값진 것

모르고 사는 백년보다 알고 사는 하루가 더 값지다. 수백 마디의 어리석은 말보다 한마디의 지혜로운 말이 더 값지다. 화려하게 꾸며진 수많은 말보다 진실한 한마디가 더 값지다. 적절하지 않은 말을 많이 하는 것보다 필요한 한 마디가 더 값지다.

모르고 하는 수많은 찬사보다 알고 하는 한마디의 충고가 더 값지다. 외부에 있는 수많은 반대세력을 무찌르는 것보다 자기 내면에 있는 선하지 못한 마음을 알아차려서 소멸시키는 것이 더 값지다.

남을 이겨서 얻는 승리보다 자기 내면에 있는 번뇌를 알아차려서 제거하는 승리가 더 값지다. 명성이 높고 유명한 사람을 많이 사귀는 것보다 인성이 훌륭한 단 한사람을 사귀는 것이 더 값지다.

256. 홀로 진실을 아는 자

대상을 있는 그대로 알아차리면 어리석은 자들 속에서 홀로 지혜를 가진 자다. 어리석은 자는 대상을 있는 그대로 알아차리지 못하고 선입관으로 보아 진실을 모른다. 어리석은 자들 속에서 홀로 지혜를 가진 자는 외롭지 않고 충만한 기쁨으로 산다.

관용과 자애와 지혜를 가진 자는 탐욕과 성냄과 어리석음을 가진 자들 속에서 홀로 선한 마음을 가진 자다. 선하지 못한 자들 속에서 홀로 선한 자는 외롭지 않고 충만한 기쁨으로 산다.

선하지 못하면 감각적 욕망의 물결에 휩쓸려 괴로움뿐인 윤회를 한다. 선하면 욕망의 거친 물살을 거슬러 올라가 윤회가 끝나는 행복을 얻는다. 진실을 모르는 자들 속에서 홀로 진실을 아는 자는 행복하다.

257. 두려움

두려움은 아직 오지 않은 미래에 대한 근심과 걱정이다. 두려움은 내가 만들어서 상상하는 것이다. 두려움은 욕망과 어리석음이 만든 결과다. 두려움은 과거의 기억을 바탕으로 일어난 미래의 불안이다.

과거의 경험이 현재와 미래의 두려움을 만든다. 과거의 원인이 현재의 불만족을 만들고 미래의 두려움이란 결과를 만든다. 과거와 현재와 미래로 연결된 두려움을 없애려면 두려워하는 마음을 알아차려야 한다.

그러면 과거의 후회와 미래의 두려움이 아닌 현재의 마음만 있어 평온할 수 있다. 현재의 평온함이 있으면 미래로 평온함이 상속되어 두려움이 소멸한다. 두려워하면 미래에 두려움이 현실이 되도록 스스로가 투사하는 것이다.

258. 부모와 자식

훌륭한 부모에게서 훌륭한 자식이 태어나거나 평범하거나 열등한 자식이 태어나기도 한다. 부모와 자식은 선업의 과보로 만나거나 불선업의 과보로 만난다. 선업으로 만나면 사랑하면서 살고 악업으로 만나면 미워하며 산다.

관계가 좋으면 서로 끌어당겨 다음 생에 가족으로 만난다. 관계가 나빠도 미워하는 것을 좋아해서 서로 끌어당겨 다음 생에 가족으로 만난다. 가족은 가장 강력한 업의 과보가 작용해서 만난 관계로 애증이 교차한다.

부모와 자식은 업의 과보로 만나지만 부모는 부모의 업이 있고 자식은 자식의 업이 있다. 어떤 업으로 만나거나 있는 그대로 알아차려서 새로운 애증을 만들지 않으면 괴로움이 없는 자유를 얻는다.

259. 선택

이것이 좋으니 반드시 이렇게 하라고 강요하지 마십시오. 저것은 나쁘니 무조건 하지 말라고 강요하지 마십시오. 강요하는 것은 명령하는 것으로 듣는 자의 기분을 상하게 하여 거부할 수 있습니다.

상대에게 부드럽게 말할 때는 순종하지만 강압적으로 말하면 반발합니다. 이것이 좋지만 선택은 자신이 하는 것이라고 해야 합니다. 저것은 나쁘지만 선택은 자신이 하는 것이라고 해야 합니다.

바른 것이나 바르지 못한 것이나 자기가 선택하고 자기가 결과를 받는다고 해야 합니다. 권위를 가지고 복종하도록 해서는 안 되며 하찮은 신분이라고 배척해서도 안 됩니다. 자유로운 의지를 가지고 분명하게 선택하도록 할 때만이 바른 길로 갑니다.

260. 유명함과 훌륭함

유명한 것은 밖에서 구하고 훌륭한 것은 안에서 구한다. 유명하려면 많은 사람들의 의식과 영합해야 한다. 사람들의 속성과 영합하는 것은 감각적 욕망이라서 세속적이다. 남의 칭송을 바라면 실속 없는 허세를 쫓는다.

인기는 물거품 같고 뜬구름 같고 바람과 같다. 인기를 얻기 위해 남을 의식하면 진실이 없다. 칭찬을 들을 때는 비난도 함께 듣는다. 유명한 것에는 들뜸이 있고 행복이 없다. 훌륭하면 자기 관리를 해서 도덕적이다.

내면을 알아차려서 지혜를 얻는 것이 출세간의 행복이다. 남을 의식할 때는 관용과 자애와 연민을 보내기 위해서다. 반드시 가야할 길을 알아 항상 해야 할 일을 해서 진실을 아는 것이 최상의 훌륭함이다.

261. 불안의 극복

할 일을 하지 못해서 만족하지 못하면 불안하다. 할 일을 하고도 만족하지 못하면 불안하다. 누구나 욕망을 가지고 살고 욕망은 만족하지 못하는 속성이 있어 불안할 수밖에 없다. 과거는 무명을 우두머리로 삼고 현재는 갈애를 동반자로 삼아서 어리석음과 욕망이 지배한다.

인간의 생존은 구조적으로 불안해서 완전한 행복을 얻기 어렵다. 어느 순간에 만족해도 오래가지 않아 다시 불안하다. 불안을 해소하기 위해 만족과 불만족에서 답을 얻으려 해서는 안 된다.

모든 것은 일어나서 사라지므로 영원하지 않다는 무상의 지혜를 얻어야 한다. 불만족이나 불안이나 모든 희로애락을 단지 무상으로 알아야 욕망과 집착이 끊어져 자유를 얻는다.

262. 비난의 대응

남이 나를 비난할 때 나도 똑같이 상대를 비난하면 상대나 나나 다를 것이 없는 사람이다. 남이 나를 비난할 때 비난하는 업을 일으킨 것은 상대다. 비난하는 업을 일으킨 사람은 반드시 과보를 받아 자신도 비난을 받는다.

그러므로 내가 상대의 행위를 단죄할 필요가 없다. 상대의 업에 덩달아서 나까지 비난하는 업을 일으켜 과보를 받아서는 안 된다. 업은 자발적인 업과 유발된 업이 있다. 남이 일으킨 업은 유발된 업으로 그냥 상대의 것으로 두어야 한다.

유발된 업을 끌어들여 상대를 미워하고 똑같이 비난하면 자발적인 업으로 바꾸는 것이다. 나를 비난하는 상대를 바꾸려고 해서도 안 된다. 이미 일어난 일은 그냥 알아차려야 한다.

263. 세속의 조건들

이익을 얻으려고 집착하면 손실을 본다. 이익은 얻고 싶다고 해서 얻는 것이 아니다. 바른 행동이 이익이고 바르지 못하면 손실이다. 이익과 손실은 함께 있다. 명예를 얻으려고 집착하면 불명예가 온다.

명예는 얻고 싶다고 해서 얻는 것이 아니다. 바른 행동이 명예고 바르지 못하면 불명예다. 명예와 불명예는 함께 있다. 칭찬을 들으려고 집착하면 비난을 듣는다. 칭찬은 듣고 싶다고 해서 듣는 것이 아니다. 바른 행동이 칭찬이고 바르지 못하면 비난이다.

칭찬과 비난은 함께 있다. 행복을 얻으려고 집착하면 불행하다. 행복은 얻고 싶다고 해서 얻는 것이 아니다. 바른 행동이 행복이고 바르지 못하면 불행하다. 행복과 불행은 함께 있다.

264. 삶의 선택권

인간은 인간의 삶을 살고 천인은 천인의 삶을 산다. 지옥의 생명은 지옥의 삶을 살고 동물은 동물의 삶을 산다. 모두 저마다의 업으로 태어나서 조금도 벗어나지 않고 태어난 세계의 삶을 산다. 하지만 존재하는 모든 생명 중에 유일하게 인간만 선택권이 있다.

인간으로 태어나서 인간의 마음을 가질 수도 있고 천인의 마음을 가질 수도 있다. 지옥의 마음을 가질 수도 있고 동물의 마음을 가질 수도 있다. 인간이 천인의 마음을 가지면 현재도 천인으로 살고 죽으면 천인으로 태어난다.

인간이 지옥의 마음을 가지면 현재도 지옥의 삶을 살고 죽으면 지옥에 태어난다. 인간이 동물의 마음을 가지면 현재도 동물로 살고 죽으면 동물로 태어난다.

265. 미움을 좋아하는 마음

좋아하는 것이 있으면 좋아하는 것을 알아차리십시오. 알아차려야 좋아하는 것을 집착하지 않습니다. 좋아하는 것을 집착하면 괴롭습니다. 좋은 것을 집착하면 좋지 않을 때 괴롭고 더 좋기를 바라서 괴롭습니다.

좋아하는 것을 알아차리지 못하면 미워하는 것을 좋아하여 악한 마음을 키웁니다. 좋아하는 것에는 선한 마음도 있지만 악한 마음도 있습니다. 남이 잘못되기를 바라는 것을 집착하면 미워하는 것을 좋아합니다.

미워하는 것을 좋아하여 계속 미워하면 스스로 악한 마음을 키웁니다. 이 과보는 온전하게 자신에게 돌아와 미워해야 사는 것 같아 불행합니다. 미워하는 것을 좋아하는 것은 탐욕과 성냄을 가진 어리석은 마음입니다.

266. 괴로움

괴로움은 나의 괴로움이 아니고 감각기관이 경험하는 순간의 느낌이다. 괴로움은 내가 일으킨 것이 아니고 어리석음이 일으킨 것이다. 어리석음은 나의 마음이 아니고 순간에 일어났다가 사라지는 마음이다.

마음에는 종자가 있어서 순간에 일어났다 사라지면서 다음 마음에 종자를 전한다. 내가 있어서 어리석음을 소유할 수 없으며 어리석음 안에 나도 없다. 마음은 매순간 조건에 의해 일어나고 사라지면서 연속된다.

어리석음 때문에 일어난 괴로움은 내가 소멸시킬 수 없다. 몸과 마음을 있는 그대로 알아차려서 생긴 지혜가 괴로움을 소멸시킬 수 있다. 어리석음이란 조건에 의해서 일어난 괴로움은 오직 지혜라는 조건에 의해서 소멸된다.

267. 나의 일

내가 세상의 모든 일을 다 할 수 없다. 먼저 자기에게 주어진 일을 해야 한다. 자기 일을 하는 것이 세상의 일을 하는 것이다. 자기 일을 하지 않고 세상의 일에만 관심이 있으면 아무 것도 이루지 못한다. 세상의 모든 일에 다 관심을 갖는 것은 욕망이다.

내가 없는 세상은 없다. 내가 있어서 세상이 있다. 세상은 세상의 일로 흘러가므로 나는 세상과 상관없이 나의 일을 해야 한다. 세상의 시류를 무조건 거부해서도 안 되지만 그렇다고 무조건 따라가서도 안 된다. 바른 견해를 갖기 위해서는 내가 할 일을 해야 한다.

세상의 일로 세월을 보낼 때 내 몸과 마음은 더 깊게 병든다. 세상의 일은 세상의 일로 두고 내가 할 일을 해야 한다.

268. 진실

무엇이나 대상으로 알아차리십시오. 대상으로 알아차리면 선입관으로 판단하지 않아 좋거나 싫다고 반응하지 않습니다. 원인이 있어서 생긴 결과를 내가 옳거나 그르다고 판단하면 대상의 진실을 알 수 없습니다.

알아차릴 대상은 법입니다. 법은 지금 여기에 이것이 있으니 와서 보라고 나타난 현상입니다. 대상을 있는 그대로 알아차려서 법으로 대해야 진실을 발견합니다. 인간이 추구해야 할 가장 소중한 사명은 진실을 아는 것입니다.

대상을 있는 그대로 알아차리면 고요하게 지켜볼 수 있습니다. 마음이 고요해야 무상, 고, 무아의 진실을 발견하여 모든 속박에서 벗어납니다. 들떠서 혼란하면 진실을 알 수 없어 암흑에서 헤맵니다.

269. 흐름의 끝

인간은 저마다의 꿈을 가지고 저마다의 방향으로 끊임없이 흘러간다. 흘러가면서 서로 화합을 하기도 하고 서로 부딪쳐 상처를 내기도 한다. 화합에도 사랑과 미움이 있고 상처에도 사랑과 미움이 있다.

누구나 저마다의 향기를 가지고 흘러가고 저마다의 악취를 가지고 흘러가지만 마지막에는 죽음에 이른다. 하지만 죽음으로 인생의 막을 내릴 수가 없다. 죽음 뒤에도 흐름의 가속도가 멈추지 않아 새로운 생명으로 태어나서 또 끊임없이 사랑하고 미워하면서 흐른다. 그리고 그 끝에서 똑같은 죽음을 맞이한다.

어리석으면 다시 태어나 또 죽는 괴로움을 겪는다. 지혜가 있으면 다시 태어나지 않아 또 죽을 일이 없어 괴로움이 소멸한다.

270. 선하지 못한 마음

선하지 못한 마음인 탐욕과 성냄과 어리석음은 모든 괴로움의 원인이다. 이러한 마음은 없애야 할 대상이 아니고 알아차려야 할 법이다. 내가 있다면 무엇이나 내 마음대로 할 수 있겠지만 그런 나는 없다.

마음은 있지만 순간순간 조건에 의해 일어나고 사라지는 마음이라서 내 마음대로 할 수 없다. 이런 나는 없기 때문에 선하지 못한 마음이 있어도 결코 없앨 수 없다. 사실 누구나 무명으로 시작하는 삶을 살아서 선하지 못한 마음을 없애려는 의도를 내기조차도 어렵다.

하지만 자기 몸과 마음을 있는 그대로 알아차려서 청정한 마음을 갖는 것이 괴로운 마음이 일어나지 않도록 예방하고 일어난 마음을 소멸시키는 유일한 방법이다.

271. 완전한 행복

누구나 행복을 바라지만 진정한 행복이 무엇인지 모른다. 진정한 행복은 괴로움이 없는 것이다. 진정한 행복은 괴로움의 원인인 집착이 소멸할 때 온다. 행복은 불완전한 행복이 있고 완전한 행복이 있다.

세속의 행복은 불완전해서 아무리 얻어도 만족할 수 없다. 불완전한 행복은 얻는 순간부터 감각적 욕망의 노예가 되어 항상 불행이 따른다. 출세간의 행복은 완전해서 얻은 것에 감사할 줄 안다.

완전한 행복을 얻으려면 모든 감각적 욕망으로부터 벗어나서 단지 대상을 아는 청정한 마음을 가져야 한다. 부귀영화는 세속의 행복으로 불완전해서 불행이 함께 있다. 감각적 욕망이 소멸한 출세간의 행복은 완전해서 청정한 마음이 함께 있다.

272. 네 가지 어려움

존재하는 생명 중에서 인간으로 태어나기 어렵다. 존재계의 생명은 지옥, 축생, 아귀, 아수라, 인간, 욕계천상, 색계, 무색계가 있다. 모든 생명은 거의가 고통만 있는 세계의 생명으로 태어난다. 인간으로 태어나는 생명은 극히 소수에 불과하다.

인간으로 태어나서 바른 법을 만나기 어렵다. 인간의 태어남은 무명으로 시작하기 때문에 무엇이 바른 법인지 삿된 법인지 알지 못한다. 인간으로 태어나서 바른 법을 지도하는 훌륭한 스승을 만나기 어렵다.

인간의 지혜는 비밀이라 누가 훌륭한지 알 수 없다. 인간으로 태어나서 깨달음을 얻기 어렵다. 선업의 공덕이 많은 매우 적은 수의 사람만 팔정도를 실천하여 괴로움뿐인 윤회를 끝낸다.

273. 호흡

괴로울 때 괴로움으로 주체하지 못하는 마음의 틈을 뚫고 호흡을 알아차려야 한다. 두려울 때 두려움으로 공포에 떠는 마음의 틈을 뚫고 호흡을 알아차려야 한다. 불안할 때 불안함으로 방황하는 마음의 틈을 뚫고 호흡을 알아차려야 한다.

근심할 때 근심으로 무너져 내리는 마음의 틈을 뚫고 호흡을 알아차려야 한다. 번뇌가 일어나면 누구도 번뇌로부터 자유롭지 못하다. 번뇌의 속박에서 벗어나려면 혼란한 마음의 틈을 뚫고 호흡을 알아차려야 한다.

호흡을 알아차린다고 모든 문제가 해결되지 않는다. 적어도 호흡을 알아차리는 동안에는 번뇌가 나를 쓰러뜨리지 못한다. 호흡을 알아차리는 청정한 마음이 모든 번뇌로부터 자신을 구한다.

274. 위빠사나 수행

위빠사나 수행은 불가능한 것을 가능하게 하는 수행이 아니다. 실현 가능한 것을 실천하고 노력한 만큼의 결과를 얻는다. 수행으로 세상을 바꾸거나 원하는 것을 얻지 못한다. 오직 자기 몸과 마음으로 인해서 생긴 괴로움을 소멸시켜 행복을 얻는다.

몸과 마음에서 일어나는 여러 가지 현상을 있는 그대로 알아차리면 고요함이 생겨 어리석음이 지혜로 바뀐다. 여기에는 어떤 초월적인 존재의 힘이나 다른 자의 힘이 개입할 수 없고 오직 자기 의도만 개입할 수 있다.

위빠사나 수행은 복을 비는 수행이 아니며 병을 나으려고 하는 수행도 아니다. 대상을 있는 그대로 알아차려서 무상, 고, 무아를 알아 집착을 끊고 자유를 얻는 것이 전부다.

275. 탐욕의 소멸

모든 괴로움의 원인은 탐욕입니다. 탐욕을 없애려고 하지 마십시오. 탐욕을 없애려고 하면 탐욕이 더 커집니다. 탐욕을 없애려고 하는 마음이 바로 탐욕입니다. 흙탕물을 없애려고 다시 흙탕물을 끼얹어서는 안 됩니다.

탐욕은 탐욕을 먹고 자라는 속성이 있습니다. 탐욕은 오랫동안 키워온 마음이라서 없애려고 하면 반발력이 생겨 더 커집니다. 정법을 실천하되 역효과를 내지 않는 방법을 선택해야 합니다.

탐욕이 있을 때는 단지 탐욕이 있는 것을 알아차려야 합니다. 지금까지 탐욕을 없애려고 해서 작용에 대한 반작용이 생겨 탐욕이 소멸되지 않았습니다. 탐욕을 하나의 대상으로 알아차리고 말아야 지혜가 나서 탐욕이 소멸합니다.

옹 달 샘

[10]

책임

내가 다 책임진다고 쉽게 말하지 마십시오.
필요한 일은 책임지도록 노력해야 하지만 책임질 수 없을 때도 있습니다.
책임질 나는 없습니다.
내가 책임진다는 말은 단지 그렇게 하고 싶은 바람입니다.
책임지고 싶은 마음은 있지만 내 마음대로 되지 않습니다.

276. 세간과 출세간

세간에서는 세간을 보지 못한다. 세간을 보지 못하면 출세간이 있는지 모른다. 마치 숲속에서는 숲을 볼 수 없는 것처럼. 출세간에서는 세간을 보고 안다. 세간을 보고 알아야 세간의 번뇌에서 벗어난다. 마치 숲속에서 벗어나 숲을 볼 수 있는 것처럼.

세간에서는 탐욕, 성냄, 어리석음을 보지 못해 내가 있다는 견해를 가지고 산다. 잘못된 견해가 있으면 번뇌를 보지 못해 괴로움에서 벗어나지 못한다. 출세간에서는 탐욕, 성냄, 어리석음을 보아 내가 없다는 견해를 가지고 산다.

바른 견해가 있으면 번뇌를 보아 괴로움에서 벗어난다. 세간에서는 몸과 마음을 알아차리지 못해 무지하고, 출세간에서는 몸과 마음을 알아차려서 지혜가 있다.

277. 성냄의 소멸

선하지 못한 마음인 탐욕, 성냄, 어리석음 중에서 성냄은 의식의 표면층에 자리 잡고 있어 가장 쉽게 나타납니다. 성냄은 단순히 화를 내는 것만이 아니고 분노, 혐오, 피하고, 없애려는 마음입니다. 또 질투, 인색, 후회하는 마음까지 포함하고 있습니다.

화는 탐욕 때문에 냅니다. 화는 스스로를 불태우고 타락을 재촉하고 병을 만듭니다. 화낸 것을 후회하지 마십시오. 후회는 선하지 못한 마음이라 잘못이 개선되지 않습니다.

화가 나면 단지 화낸 것을 알아차리십시오. 화낸 것을 알아차리면 화가 난 원인인 탐욕이 소멸합니다. 화를 알아차리면 화가 괴로움이라는 자각이 일어납니다. 화로 인한 괴로움이 싫으면 화를 내지 않습니다.

278. 비난

내가 남을 비난하면 불선과보를 받아 평판이 좋지 않고 갖가지 불이익을 받는다. 남이 나를 비난할 때 똑같이 비난하면 서로가 불선과보를 받는다. 비난하는 것이 좋아서 계속하면 잠재성향의 과보로 추한 모습으로 태어난다.

비난은 어떤 경우나 있는 그대로 알아차려야 한다. 비난을 법으로 알아차리면 나의 것이 되지 않고 하나의 현상이 된다. 비난할 때 먼저 비난하는 마음을 알아차려야 한다. 남이 나를 비난할 때도 있는 그대로 알아차리면 비난은 말한 자의 것이지 내 것이 되지 않는다.

비난하지 않을 때라야 자기 잘못을 성찰할 수 있다. 이기적인 자는 비난하는 것으로 자존심을 세우면서 자신에 대한 비난은 더 견디지 못한다.

279. 나의 느낌이 아니다

내가 있어서 즐거운 것이 아니다. 내가 있어서 괴로운 것이 아니다. 감각기관이 감각대상과 접촉해서 즐겁거나 괴로운 느낌이 일어난다. 몸과 마음은 조건에 의해 다양한 느낌을 경험할 뿐이지 나의 느낌이 아니다.

눈이, 형상을 보고, 빛에 의해서, 아는 마음이 일어난다. 이때 내가 아는 것이 아니고 네 가지 조건이 결합되어 아는 마음이 일어난다. 네 가지 조건 중에 하나라도 빠지면 아는 것이 성립될 수 없다. 그러므로 내가 아는 것이 아니고 조건에 의해 아는 것이다.

네 가지 조건에 의해 일어난 느낌은 맨 느낌이라서 즐겁거나 괴롭지 않다. 그러나 내가 있다고 생각할 때 스스로 괴롭거나 즐거운 느낌을 만들어 고통을 겪는다.

280. 어리석음과 자아

어리석음의 가장 큰 해악은 자아가 있다는 잘못된 생각이다. 자아가 있으면 이기적인 욕망을 갖기 때문에 남을 배척한다. 내가 있다는 생각으로 욕망에 눈이 멀면 자기 행위에 대한 옳고 그름을 판단하지 못한다.

자기 잘못을 모르면 영원히 개선될 수 없어 어리석음보다 더 큰 죄악은 없다. 어리석으면 무엇이 바르고 그른지 몰라 습관대로 행동한다. 인간의 습관이란 오래 동안 관념의 지배를 받아 세속적인 욕망에 물들어 있다.

어리석으면 부질없는 망상을 한다. 망상은 현재가 아닌 과거의 일을 후회하고 오지 않은 미래의 일을 두려워한다. 어리석어서 하는 망상은 해야 할 일을 하지 않고 하지 말아야 할 일을 해서 고통을 가져온다.

281. 피하는 것도 방법이다

알아차려서 해결해야 할 것과 피해서 해결해야 할 것이 있다. 무엇이나 알아차려서 해결해야 하지만 알아차리는 힘이 부족할 때는 피하는 것도 방법이다. 자기 욕심만 채우고, 성질이 거칠고, 자기밖에 모르는 자는 가까이 해서는 안 된다.

대상으로 알아차려서 자기 관리를 할 수 있기 전까지는 이런 자와 연루되지 않도록 해야 한다. 어리석음을 가진 자를 가르치려고 해서도 안 된다. 선하지 못한 마음을 가진 자는 자신의 어리석음을 몰라 누구의 충고도 받아들이지 않는다.

이런 자에게 잘못을 지적하면 오히려 더 나쁜 결과가 생길 수 있다. 어리석은 자와 불가피하게 만났을 때는 자신의 업이라고 여기고 부딪치지 않는 것이 좋다.

282. 세속의 진리

세속의 진리는 참된 것이다. 참된 것은 거짓이 없고 진실하고 겉과 속이 다르지 않다. 진실한 자는 참된 이치를 알아 바른 도리를 행한다. 하지만 세속은 이기적 욕망이 지배하는 세계라서 진실이 왜곡될 때가 더 많다.

자기 이익을 위해서라면 거짓을 진실이라고 말한다. 오히려 진실을 말하는 자를 적으로 매도하고 규탄한다. 참되지 않은 이익은 독이 되어 자기 정신을 타락하게 한다. 세속의 잘못된 진실은 긍정보다 부정이 많고 거짓으로 가득 차 있어 믿을 것이 못된다.

참된 가치를 참된 것으로 인정하지 않으면 현재도 어리석음으로 괴롭게 살고 미래도 똑같이 괴롭게 산다. 참된 도리를 행하는 소수의 사람은 고독하지만 행복하다.

283. 두 가지 선택

누구나 선한 일을 할 수 있는 기회도 많고, 악한 일을 할 수 있는 기회도 많다. 모든 일은 자신의 마음이 이끈다. 선한 일과 악한 일은 모두 자신이 선택한다. 선한 마음으로 선한 일을 하면 선한 과보를 받아 행복하다.

행복은 누가 주지 않고 오직 자신이 선택한다. 악한 마음으로 악한 일을 하면 악한 과보를 받아 불행하다. 불행은 누가 주지 않고 오직 자신이 선택한다. 지혜가 있으면 선한 마음이 이익인지 알아 스스로 행복을 만든다.

어리석으면 악한 마음이 이익인지 알아 스스로 불행을 만든다. 지혜와 어리석음은 인간에게 상속되는 두 가지 유산이다. 두 가지 유산 중에 자신이 무엇을 선택하느냐에 따라 행복과 불행이 결정된다.

284. 종교와 수행자

종교를 만든 사람이 있고, 종교의 가르침이 있고, 종교의 단체가 있다. 종교를 만든 사람을 믿는가, 종교의 가르침을 믿는가, 종교의 단체를 믿는가? 세 가지를 모두 믿는가? 종교를 맹목적으로 믿는가, 탐구해보고 확신에 찬 믿음을 갖는가?

모든 종교는 나름대로 표방하는 것이 있기 때문에 무엇이 바르고 바르지 않다고 정의하기 어렵다. 위빠사나 수행자는 지혜를 얻어 괴로움을 소멸시키고자 하므로 종교를 만든 사람을 신뢰하고, 종교의 가르침을 실천하고, 가르침을 펴는 것이 지속되도록 협력한다.

또 자신이 직접 탐구해보고 내린 결론에 의해 확신에 찬 믿음을 갖는다. 수행자는 누구를 믿기보다 가르침을 실천하는 것이 사명이다.

285. 훌륭함과 유명함

참된 것은 훌륭하지만 유명하지 않다. 참된 것은 그것 자체가 가치를 지니고 있어 훌륭하다. 참된 것이 훌륭한 것은 출세간의 진리이기 때문이다. 출세간의 진리는 세간의 유명함을 구하지 않는다.

훌륭해서 유명해질 수도 있지만 훌륭함이 유명함을 원해서 된 것이 아니므로 두 가지는 별개다. 사람들이 훌륭함을 따르지 않는다고 해서 훌륭하지 않은 것이 아니다. 잘 알려지지 않았다고 해서 훌륭하지 않은 것이 아니다.

훌륭함은 자아가 없기 때문에 유명해질 필요를 느끼지 못한다. 유명한 것은 많이 알려지는 것에 가치를 둔다. 유명함은 자기가 알려지기를 바라기 때문에 훌륭한 것을 가장한다. 유명함은 자아가 있는 세간의 가치다.

286. 재미

재미는 즐거운 느낌이다. 누구나 즐거운 느낌을 좋아하기 때문에 재미없이 살 수 없다. 재미를 집착하면 감각적 욕망으로 인해 어리석음에 빠진다. 즐거운 느낌을 탐닉하면 반드시 괴로운 느낌이 온다. 즐거움과 괴로움은 항상 교차하면서 나타난다.

즐거운 느낌도 알아차려야 하고 괴로운 느낌도 알아차려서 서로 교차하지 않도록 해야 한다. 느낌이 교차하면 감각적 욕망을 일으키는 원인이 되어 괴로움뿐인 윤회를 한다.

즐거운 느낌 없이 살 수 없다면 감각적 욕망을 얻는 재미보다 감각적 욕망을 절제해서 얻는 도덕적 재미를 느껴야 한다. 욕망으로 얻는 재미는 마음을 흐리게 한다. 욕망을 절제해서 얻는 재미는 마음을 청정하게 한다.

287. 지혜의 과정

무엇이나 단번에 알 수 없다. 나무가 자라서 열매를 맺기까지 일정한 과정을 거치듯이 인간이 아는 것도 무수한 과정을 거치면서 성숙한다. 몰라서 실패했다고 자책하면 아는 길이 막힌다. 인간은 무명과 갈애를 근본원인으로 태어났기 때문에 처음부터 다 알 수 없다.

모르는 것은 어리석음이고 아는 것은 지혜다. 어리석음에서 지혜로 가기 위해서는 많은 괴로움을 겪어야 한다. 무수한 실패를 경험한다고 해서 반드시 지혜를 얻을 수 없다. 괴로움을 있는 그대로 알아차려야 고요한 마음이 되어 지혜가 난다.

지식으로 아는 것은 아는 것이 아니다. 생길 수밖에 없는 괴로움을 있는 그대로 알아차리면 사물의 성품을 꿰뚫어 아는 지혜가 난다.

288. 마음의 종자

마음은 대상을 아는 것으로는 하나지만 매순간 다른 마음이다. 마음은 아는 마음[識]과 함께 마음의 작용인 느낌[受], 인식[想], 의도[行]가 있어 역할을 완성한다. 마음의 작용인 느낌, 인식, 의도가 일어나면 마음이 이것을 받아들여서 안다.

마음과 마음의 작용은 매순간 일어나서 사라진다. 그러므로 한순간도 같은 마음이 없다. 마음과 마음의 작용을 소유하는 자아가 없어 무아라고 한다. 마음이 과거의 일을 기억하거나, 어떤 일에 대해 잊지 않고 동일한 견해를 갖는 것은 모두 상온의 영향이다.

변하지 않는 하나의 마음이 있어서 기억하는 것이 아니다. 마음은 일어나서 사라지지만 종자가 있어서 다음 마음에 정보를 전하고 사라진다.

289. 죽음의 진실

죽음보다 더 무서운 것은 없다. 내가 죽는다고 생각하기 때문이다. 죽음보다 더 두려운 것은 없다. 죽음 이후를 모르기 때문이다. 누구도 죽음이 무엇인지 알기 어렵다. 그래서 죽음에 대해 숙고해도 답을 얻을 수 없다.

왜냐하면 죽음이 무섭고 두려워서 바르게 볼 수 없기 때문이다. 죽음에 대한 선입관이 없으면 죽음은 매우 간단한 것이다. 인간은 태어났기 때문에 죽는다. 죽음에 대해 이것 이상 더 필요한 답은 없다.

모든 생명은 태어나면 반드시 죽는다. 태어나서 죽는 것은 현상계의 질서다. 태어난 것을 원인으로 죽는 결과는 누구도 저항할 수 없는 진실이다. 죽기 싫은 욕망에 사로잡히면 죽을 수밖에 없는 참다운 진실을 외면한다.

290. 인연

모든 인연은 시작이 있고 끝이 있다. 하지만 인연이 끝났다고 해서 완전하게 끝난 것이 아니다. 끝은 새로운 인연의 시작으로 연결된다. 모든 만남은 선한 인연으로 시작해서 선한 인연으로 끝날 수도 있고 악한 인연으로 끝날 수도 있다.

악한 인연으로 시작해서 악한 인연으로 끝날 수도 있고 선한 인연으로 끝날 수도 있다. 시작하는 인연은 과거의 원인으로 인해서 생긴 현재의 결과다. 끝나는 인연은 현재의 원인으로 인해서 생긴 미래의 결과다.

어떤 인연이나 현재 선한 노력을 해서 악한 인연으로 끝나지 않도록 해야 새로 악업의 과보를 받지 않는다. 대상을 있는 그대로 알아차리면 선한 인연을 선하게 하고 악한 인연도 선하게 한다.

291. 정법

정법이라고 해서 항상 바른 결과만 있는 것이 아니다. 정법과, 정법을 실천하는 자와, 정법을 구현하는 단체는 뜻을 같이 하면서도 결과가 다를 수 있다. 정법은 항상 바른 가르침 그대로 있다. 하지만 가르침을 실천하는 자의 이해에 따라 정법이 다르게 나타난다.

아직 정법을 깨닫지 못한 자는 정법대로 생각하고 말하고 행동하지 않는다. 아직 정법에 미치지 못한 자들이 운영하는 단체도 정법을 바르게 표방하지 못한다. 정법에는 내가 없는데도 깨닫지 못한 자는 오히려 정법을 빌미로 자아를 강화한다.

누구나 통찰지혜를 얻기 전까지는 정법과 다르게 행동한다. 진리는 있는 그대로 알아차려서 진실을 아는 한정된 자에게만 보인다.

292. 나는 아는가?

내가 다 안다고 말하지 마십시오. 나는 모르는 것을 알뿐입니다. 내가 아는 것은 겉으로 드러난 모양이지 있는 그대로의 진실이 아닙니다. 겉보기는 관념이라서 그냥 눈으로 보고 아는 것이지 대상이 가지고 있는 실재가 아닙니다.

나는 내 마음을 모릅니다. 그러니 남의 마음은 더 모릅니다. 마음은 매순간 조건에 의해서 일어나고 사라져서 무슨 마음이 어떻게 일어날지 알 수 없습니다. 나는 오늘 무슨 일이 일어날지 알 수 없습니다. 내일 무슨 일이 일어날지 알 수 없습니다.

내가 하고 싶다고 해서 다 할 수 있는 것도 아닙니다. 하고 싶지 않다고 해서 하지 않을 수 있는 것도 아닙니다. 나는 단지 모든 것이 불확실하다는 것을 압니다.

293. 책임

내가 다 책임진다고 쉽게 말하지 마십시오. 필요한 일은 책임지도록 노력해야 하지만 책임질 수 없을 때도 있습니다. 책임질 나는 없습니다. 내가 책임진다는 말은 단지 그렇게 하고 싶은 바람입니다. 책임지고 싶은 마음은 있지만 내 마음대로 되지 않습니다.

말한 순간에는 책임을 지고 싶어도 마음이 어떻게 변할지 모릅니다. 마음은 있지만 나의 마음이 아닙니다. 마음을 소유하는 자아는 없습니다. 마음은 매순간 일어나고 사라지면서 새로운 마음이 일어납니다.

변하지 않는 마음이 있다면 한번 먹은 마음이 영원할 것입니다. 하지만 변하지 않는 것은 없습니다. 내가 책임질 수 없다면 상대도 책임질 수 없다는 사실을 인정해야 합니다.

294. 사람

남자라 그렇다고 단정하지 마십시오. 여자라 그렇다고 단정하지 마십시오. 사람이라 그렇습니다. 젊어서 그렇다고 단정하지 마십시오. 늙어서 그렇다고 단정하지 마십시오. 사람이라 그렇습니다.

어리석어서 그렇다고 단정하지 마십시오. 지혜가 있어서 그렇다고 단정하지 마십시오. 사람이라 그렇습니다. 사람은 모든 가능성을 가지고 있습니다. 사람을 편견으로 단정하면 가능성이 상실됩니다. 사람은 업이 달라서 행동하는 것이 다릅니다.

사람은 선한 마음과 악한 마음과 해탈의 마음이 함께 있습니다. 알면 바른 행동을 하고 모르면 잘못된 행동을 합니다. 사람을 관념의 틀에 가두지 않으면 자기 삶을 개선할 수 있는 강한 힘이 있습니다.

295. 바른 견해

바른 견해는 바른 견해를 받아들인다. 삿된 견해는 삿된 견해를 받아들인다. 바른 견해는 삿된 견해를 배척한다. 삿된 견해는 바른 견해를 배척한다. 마음은 같은 성질끼리 모여서 화합하고, 같은 성질이 아니면 배척한다.

진실은 진실끼리 모여 세력을 규합하고, 거짓은 거짓끼리 모여 세력을 규합한다. 바른 견해와 삿된 견해는 서로 섞이지 않는다. 바른 견해는 바른 행위를 하여 바른 과보를 받아 괴로움에서 벗어난다.

삿된 견해는 삿된 행위를 하여 삿된 과보를 받아 괴로움이 지속된다. 인간은 저마다 견해가 달라서 항상 모이고 흩어진다. 인간이 결합하고 분열하는 것은 모두 동류의 끌어당김과 동류가 아닌 것의 배척으로 인한 것이다.

296. 방황

누구나 갈 길을 몰라서 방황한다. 방황하는 것이 윤회고, 방황이 끝나는 것이 윤회의 끝이다. 방황은 방황을 끝내기 위해서 필요한 전 단계다. 방황했기에 방황의 괴로움을 안다. 방황으로 인한 괴로움을 모르면 방황을 끝내려는 의도가 생기지 않는다.

괴로움은 와서 보라고 나타난 법이다. 괴로울 때 괴로움에 빠지지 말고 있는 그대로 알아차려야 한다. 그러면 괴로움의 원인이 어리석음과 욕망이라는 것을 아는 지혜가 나서 괴로움이 소멸된다.

괴로움이 있는 것을 아는 것이 성자의 진리다. 범부는 어리석음에 눈이 멀어 갈 길을 몰라서 계속 방황한다. 성자는 지혜의 눈을 떠 갈 길을 알아서 오랜 방황을 끝내고 해탈의 자유를 얻는다.

297. 생각할 때의 마음

생각할 때 무슨 마음으로 생각하는지 알아차리십시오. 나에게는 선한 마음도 있고 악한 마음도 있습니다. 생각하는 마음을 알아차리지 못하면 악한 마음으로 생각할 수 있습니다. 생각하는 마음을 알아차리면 악한 마음으로 생각하다가 선한 마음으로 바뀝니다.

나에게 잠재되어 있는 선한 마음을 계발하면 마음이 청정해져 행복을 얻고 불행을 예방합니다. 선한 마음을 계발하지 않으면 습관적으로 생각하게 되어 악한 마음이 커집니다. 나의 행복과 불행은 나의 생각으로부터 시작합니다.

생각이 바르면 말을 바르게 하고 행동을 바르게 합니다. 생각과 말과 행동이 바르면 도덕적 성품으로 인해 지혜를 얻어 자신을 불행으로부터 보호합니다.

298. 완전한 성취

자기 분야에서 사회적 성취를 이룬 것은 세속의 성공이지 출세간의 성공이 아니다. 세속의 성공은 오욕인 재산욕, 성욕, 식욕, 명예욕, 수면욕의 본능이 살아있다. 오욕을 가지고 있는 한 자신의 성취가 완전한 성공이라고 볼 수 없다.

오히려 성취를 이룬 만큼 더 깊은 나락으로 떨어질 수 있다. 동물적 욕망의 본성이 있는 한 어떤 성취도 모래로 쌓은 성과 같다. 출세간의 성공은 도덕적인 규범을 바탕으로 한 자기 절제가 있을 때 이루어진다.

대상을 있는 그대로 알아차려서 고요함이 생기고 통찰지혜가 날 때만 욕망의 쾌락을 극복할 수 있다. 세속의 성취는 불완전하다. 출세간의 성취는 어리석음과 욕망과 자아가 소멸하여 완전하다.

299. 세간과 출세간

세간의 마음이 있고 출세간의 마음이 있다. 세간은 선한 마음과 악한 마음이 교차하여 항상 다툼이 있다. 세간은 잔인한 지옥의 마음과, 우매한 축생의 마음과, 인색한 아귀의 마음과, 화를 내는 아수라의 마음이 있다.

선하고 악한 인간의 마음이 있으며 천상의 욕계와 색계와 무색계의 마음이 있다. 인간은 이런 마음을 전부 가지고 있어 범부도 있고, 악마도 있고, 천사도 있다. 출세간의 마음은 단지 작용만 하는 마음이라 다툼이 없어 항상 청정하다.

출세간은 몸과 마음을 있는 그대로 알아차려서 무상, 고, 무아의 지혜가 나 모든 집착이 소멸한다. 이 결과로 괴로움뿐인 윤회가 끝난다. 출세간의 지혜는 인간이 성취해야 할 사명이다.

300. 나와 세상

세상은 나를 중심으로 있지만 나는 세상의 구성요소로 있다. 내가 있어 세상이 있지만 세상이 있어 내가 있다. 나와 세상은 언제나 함께 공존한다. 나를 우선하면 자아가 생기고 세상을 우선하면 의타적이다.

내가 항상 주인공일 수 없다. 나는 주인공이면서 관객이다. 내 생명을 나의 것으로 알지만 생명을 소유하는 자아는 없다. 단지 조건에 의해 일어나고 사라지는 순간들을 경험하고 있다. 내가 갖지 못한 것이 있어도 영원히 갖지 못한 것이 아니다.

내가 힘이 있다고 교만하게 굴거나 함부로 남용해서는 안 된다. 내가 힘을 갖지 못했다고 좌절해서도 안 된다. 내가 남을 핍박하면 내가 핍박을 받는다. 나를 비하하면 내가 비굴해진다.

301. 분리

나의 일과 세상의 일을 구분해야 한다. 나의 일과 세상의 일의 구분하지 못하면 세상의 일로 인해 고통을 겪는다. 세상은 세상의 시류로 흘러간다. 세상의 일에 격하게 반응하면 세상의 잘못을 내 일로 끌어들인다.

세상이 혼란할 때 나까지 혼란해서는 안 된다. 혼란한 것은 세상이지 내가 아니다. 내가 혼란한 세상을 바꿀 수 없지만 나를 혼란하지 않게 할 수는 있다. 모든 일에 가장 우선하는 것은 세상의 시류가 아닌 자기 내면의 청정이다.

내가 청정할 때만 세상에 도움을 줄 수 있다. 나와 세상을 구분하려면 먼저 자기 몸에 있는 호흡을 알아차려야 한다. 마음이 몸을 알아차려서 마음과 몸이 분리될 때 나와 세상이 분리된다.

302. 출세간의 침묵

부당한 일에 대처하는 방법은 다양하다. 부당한 일을 비난하며 개선을 촉구한다. 부당한 일에 직접 맞서 행동한다. 부당한 일을 침묵으로 지켜본다. 세속에서는 부당한 일에 간접적으로 의사표현을 하거나 직접 개입해서 행동을 한다.

출세간에서는 부당한 일에 침묵으로 대응한다. 침묵으로 대응한다고 부당한 일을 회피하거나 동조하는 것이 아니다. 침묵으로 대응하면 사안의 옳고 그름으로 반응하지 않고 하나의 법으로 알아차린다.

어떤 대상이나 있는 그대로 알아차리면 내면의 고요함을 얻는다. 고요함에서 대상의 성품을 꿰뚫어보는 지혜가 나면 대상으로 인해서 생긴 번뇌가 소멸한다. 침묵으로 알아차릴 때만이 해탈의 자유를 얻는다.

303. 자아와 무아

모든 일이 지나고 보면 덧없고 부끄럽기 짝이 없다. 몰라서 움켜쥐려 했고 게을러서 할 일을 하지 않았다. 돌이켜 보면 어리석은 일이 후회가 되어 괴롭다. 하지만 이런 자각이 일어난 것은 지혜가 났기 때문이다. 지혜가 나도 괴로운 것은 내가 그랬다고 생각하기 때문이다.

덧없음을 안 것은 무상의 지혜고 부끄럽기 짝이 없는 것은 양심이 있는 선한 마음이다. 지혜가 나고 선한 마음이 일어났는데도 괴로운 것은 내가 있기 때문이다. 자각이 일어나도 괴로울 때는 다시 괴로워하는 마음을 알아차려야 한다.

이것이 누구의 마음인가 알아차려서 내 마음대로 되지 않는 무아를 알아야 한다. 무아의 지혜만이 모든 괴로움을 소멸시킬 수 있다.

304. 위빠사나 수행

수행이 잘 되기를 바라는 것이 탐욕이다. 수행이 안 된다고 속상해하는 것이 성냄이다. 아무리 얻어도 만족할 수 없는 탐욕을 부리고, 자기가 하고 싶은 대로 되지 않는다고 화를 내는 것이 어리석음이다.

위빠사나 수행은 몸과 마음의 성품인 무상, 고, 무아를 아는 지혜수행이라서 일정한 과정을 거치면서 향상된다. 수행을 하면 처음에 부딪치는 것이 장애다. 장애는 없애야 할 대상이 아니고 와서 보라고 나타난 법이므로 있는 그대로 알아차려야 한다.

탐욕과 성냄과 어리석음은 없애려고 한다고 해서 없어지지 않는다. 아무것도 바라지 않고 있는 그대로 알아차릴 때 통찰지혜가 성숙하여 모든 괴로움의 원인인 번뇌를 소멸시킬 수 있다.

305. 자유의 조건

모든 괴로움의 원인은 어리석음과 욕망이다. 어리석음과 욕망은 윤회의 근본원인이다. 어리석음과 욕망에서 벗어날 수 없는 원인이 자아다. 내가 있어서 어리석음과 욕망에서 벗어나지 못한다. 내가 있다는 것이 바로 어리석은 견해다.

내가 있으면 욕망을 갖는 것이 불가피하다. 인간은 어리석음으로 태어나기 때문에 내가 있다는 견해가 있다. 그간 누구도 이 견해가 잘못된 것이라고 생각하지 않았다. 하지만 붓다께서 몸과 마음을 있는 그대로 알아차린 결과 마음은 항상 하지 않고 매순간 변한다는 진실을 발견했다.

마음을 소유하는 자아가 없고 무아라는 진실을 알아야 모든 집착이 소멸한다. 무아가 서로 아낌없이 나눌 수 있는 자유다.

306. 비난

나는 남을 비난할 수 없다. 나도 남과 같은 잘못을 저질렀다. 나는 아직도 같은 잘못을 저지를 수 있다. 나는 남을 비난할 자격이 없다. 내가 남을 비난하기에 앞서 똑같은 잘못을 되풀이 하지 않는지 알아차려야 한다.

잘못은 어리석어서 생긴 일이다. 누구나 어리석기는 마찬가지다. 누가 누구를 비난할 수 있겠는가? 잘못에 비난으로 대응하는 것은 바른 처방이 아니다. 잘못을 단지 있는 그대로 알아차릴 때만이 잘못을 일으킨 원인을 알 수 있다.

알아차려서 원인을 아는 것이 지혜다. 지혜만이 잘못을 반복하지 않도록 한다. 비난하는 것으로는 잘못이 개선되지 않는다. 잘못은 행한 자가 과보를 받으므로 내가 단죄할 필요가 없다.

307. 불선행(不善行)

불선행은 하나의 의도만 있지 않고 여러 가지 의도가 결합해서 일어난다. 불선행은 반드시 어리석음, 양심 없음, 수치심 없음, 들뜸이 함께 일어난다. 어리석은 자가 부끄러운 줄 모르는 것은 여러 가지 의도가 결합해 있기 때문이다.

어리석음을 알아차려서 지혜로 바뀌면 불선 의도가 모두 소멸한다. 탐욕이 일어날 때는 반드시 잘못된 견해, 자만이 함께 일어난다. 탐욕이 관용으로 바뀌면 불선 의도가 모두 소멸한다.

성냄이 일어날 때는 반드시 질투, 인색, 후회가 함께 일어난다. 성냄을 알아차려서 자애로 바뀌면 불선 의도가 모두 소멸한다. 자신의 행위를 통제하지 못하는 것은 여러 가지 의도가 결합해서 행위를 일으키기 때문이다.

옹달샘

11

덫에 걸린 동물

덫에 걸린 동물은 죽음에 대한 공포로 피맺힌 절규를 한다.
하지만 덫에 걸리면 죽음 외에 다른 길이 없다.
극한 상황에서 벗어나려고 몸부림을 치지만 몸은 점점 감각을 잃고
마음은 희미해진다. 두려움에 팔딱거리던 호흡이 차츰 가늘어지고
결국 눈물을 흘리며 숨을 거둔다.

308. 자아(自我)와 무아(無我)

내가 옳다는 생각으로 남의 견해를 배척하면 자아가 강한 자다. 자아가 강하면 자기 견해를 관철하기 위해 거짓과 회유와 폭력을 저지른다. 자아가 강하면 나의 이익을 위해 양심의 가책을 느끼지 않고 무슨 일이나 독선적으로 할 수 있다.

인간에게 괴로움을 주는 원인은 어리석음이지만 어리석음을 일으키는 원인은 자아다. 깨달음의 세계에서는 완두콩만한 자아가 있어도 윤회가 끝나는 열반에 이를 수 없다. 누구나 잘못할 수 있다. 잘못한 뒤에 자기 잘못을 알아차리면 밝은 세상을 만난다.

자아가 강하면 자기 잘못을 알지 못해 어두운 세상에 고립된다. 자아가 있어 나의 삶을 지탱해왔지만 무아를 알지 못하면 영원히 괴롭게 산다.

309. 남과 나의 분리

몸이 아플 때 마음까지 아파서는 안 된다. 아픈 것은 몸이지 마음이 아니다. 몸이 아프다고 마음까지 아픈 것은 몸과 마음이 분리되지 않았기 때문이다. 마음의 기능은 단지 대상을 아는 것이다.

몸이 아플 때 마음까지 아픈 것은 대상을 아는 기능의 범위를 넘어서 대상과 동화된 것이다. 몸과 마음을 있는 그대로 알아차리는 수행을 하면 육체적인 느낌에서 정신적인 느낌으로 진행되지 않는다.

남이 화를 낸다고 나까지 화를 내서는 안 된다. 화는 남의 것이지 내 것이 아니다. 남이 흥분한다고 나까지 흥분하는 것은 남과 내가 분리되지 않았기 때문이다. 몸과 마음을 있는 그대로 알아차리면 남과 내가 분리되어 성냄 대신 평온이 있다.

310. 출세간의 방법

세상에는 관념과 실재라는 두 개의 진실이 있다. 관념은 세간의 질서고 실재는 출세간의 질서다. 관념의 세계는 자아가 있어서 괴로움이 있고 윤회를 한다. 실재의 세계는 무아를 알아 괴로움이 없고 윤회가 끝난다.

두 개의 진실은 항상 상충한다. 관념과 실재의 벽을 가로막는 것이 고정관념이다. 관념의 벽을 넘어 실재를 알기 위해서는 주관적인 시각으로 접근해서는 안 된다. 대상을 있는 그대로 알아차리는 객관적인 시각으로 접근해야 한다.

관념이 아닌 실재를 알기 위해서는 자기 몸과 마음을 분리해서 알아차려야 한다. 세간의 방법으로는 결코 세간을 벗어날 수 없다. 출세간의 진리를 알기 위해서는 출세간의 방법을 사용해야 한다.

311. 과정

목표는 있으되 행위를 할 때는 바라는 마음이 없어야 한다. 바라는 마음이 강하면 몸과 마음이 긴장하여 일의 능률이 없다. 목표에 함몰되면 과정이 충실하지 못하다. 과정이 충실하지 못하면 원하는 결과를 얻을 수 없다.

목표만 있고 실천이 없어도 원하는 결과를 얻을 수 없다. 목표는 미래고 과정은 현재다. 현재가 없는 미래는 없다. 좋은 결과는 좋은 현재가 있어서 자연스럽게 만들어진다. 무슨 일이나 시작도 좋아야 하고 중간도 좋아야 하고 끝도 좋아야 한다.

이렇게 되려면 현재 하고 있는 일에 마음을 기울여야 한다. 마음은 한순간에 하나밖에 없다. 일을 진행하는 과정에서 목표가 사라지지 않으면 목표만 있고 과정은 없다.

312. 좋아하는 마음

좋아하는 마음은 어리석음에 눈이 멀어 집착을 한다. 미워하는 것을 좋아해서 미워한다. 싫어서 미워하지만 미워하는 것을 계속하는 것은 미워하는 것이 좋아서 집착하는 마음이 있다.

화를 내는 것을 좋아해서 화를 낸다. 짜증이 나서 화를 내지만 화를 내는 것을 계속하는 것은 화를 내는 것이 좋아서 집착하는 마음이 있다. 괴로워하는 것을 좋아해서 괴로워한다. 만족하지 못해서 괴로워하지만 괴로워하는 것을 계속하는 것은 괴로워하는 것이 좋아서 집착하는 마음이 있다.

좋아하는 마음은 감각적 욕망이 되어 바른 것과 바르지 못한 것을 구분하지 못한다. 욕망에 어리석음까지 곁들이면 바른 것보다 바르지 못한 것을 더 집착한다.

313. 알아차림과 도둑

알아차림은 대상을 있는 그대로 지켜보는 행위다. 알아차리지 못하면 번뇌라는 도둑이 들어와 주인행세를 한다. 알아차릴 때만이 도둑이 주인행세를 하지 못한다. 가장 위험한 도둑은 내가 있다는 생각이다.

무엇이나 내 마음대로 하려는 교만보다 더 어리석은 도둑은 없다. 모든 것을 자기 위주로 판단하는 것이 불행의 근원이다. 대상을 있는 그대로 알아차리면 감각기관의 문을 지키는 문지기가 되어 마음이 청정해진다.

오직 청정한 마음에 의해서만이 무상, 고, 무아의 지혜를 얻어 도둑을 막을 수 있다. 도둑이 주인으로 살면 자기 잘못을 알지 못해 남과 소통하지 못한다. 알아차림은 자신을 도둑으로부터 막아서 보호하는 계율이다.

314. 현재의 몸과 마음

괴로울 때는 현재의 몸과 마음을 있는 그대로 알아차려야 한다. 괴로움을 없애려고 하거나 피하려고 해서는 해결되지 않는다. 가장 좋은 피난처는 자기 호흡을 알아차리는 것이다. 현재의 몸과 마음을 알아차리면 과거와 미래가 단절되어 후회나 두려움이 소멸한다.

과거나 미래에 머물면 괴로움을 극복하는 힘이 분산된다. 현재만 보지 말고 과거를 보아야할 때가 있다. 과거의 원인이 현재의 결과를 만들었다고 알 때만 과거가 필요하다. 현재만 보지 말고 미래를 보아야 할 때가 있다.

미래는 실재하지 않고 현재의 원인이 미래의 결과로 간다고 알 때만 미래가 필요하다. 현재의 몸과 마음을 알아차릴 때만이 괴로움이 소멸한 행복이 있다.

315. 조건의 성숙

얻으려 한다고 다 얻을 수 있는 것이 아니다. 얻을 수 있는 조건이 성숙되어서 얻는 것이지 바란다고 다 되는 것이 아니다. 없애려 한다고 다 없앨 수 있는 것이 아니다. 없앨 수 있는 조건이 성숙되어서 없애는 것이지 바란다고 다 되는 것이 아니다.

얻으려는 것이나 없애려는 것이 모두 나의 욕망과 성냄이다. 무엇이나 마음대로 할 수 있다면 내가 있지만 내 마음대로 할 수 있는 자아는 없다. 모든 것들이 매순간 조건에 의해 일어나고 사라지는 연속적 현상만 있다.

이런 현상을 그대로 받아들여서 얻지 못하거나 없애지 못했다고 괴로워하지 말아야 한다. 마음은 있지만 일어나서 사라지는 흐름만 있고 여기에 의도만 있지 나는 없다.

316. 느낌의 진실

내가 있어서 좋아하고 싫어한다. 좋아하고 싫어하는 것이 느낌이다. 내가 없으면 단지 한순간의 맨 느낌에 불과하다. 내가 있으면 좋아서 즐겁고 싫어서 괴롭다. 내가 없으면 즐거움과 괴로움에 빠져 방황하지 않는다.

맨 느낌은 있는 그대로의 순수한 느낌이라 마음이 고요하다. 감각기관이 감각대상과 접촉해서 생긴 느낌을 나의 느낌이라고 알면 느낌의 노예로 산다. 느낌을 있는 그대로 알아차리면 일어난 순간에 사라져 무상의 진실을 안다.

느낌이 무상하기 때문에 괴로움의 진실을 안다. 괴로운 느낌을 없애려 해도 없어지지 않아 무아의 진실을 안다. 어리석으면 맨 느낌을 나의 느낌으로 알고, 변하지 않는 것으로 알아 괴롭게 산다.

317. 변화

모든 것은 끊임없이 변한다. 몸도 변하고 마음도 변하고 세상도 변한다. 변화는 만남과 헤어짐이고 태어남과 죽음이고 성공과 실패고 이익과 손실이다. 인간의 가치관도 변한다. 변화를 두려워하는 것은 질서를 두려워하는 것이다.

내가 변화를 원하지 않는다면 이기적 욕망과 나태함이 있기 때문이다. 변화의 속도가 빠르거나 늦을 수는 있지만 일어난 것은 반드시 사라진다. 과거에 안주하여 안일하게 대응하면 변하는 질서에 적응하지 못해 괴롭게 산다.

변하는 것은 두려움이지만 오히려 새로운 기회다. 내가 원하지 않아도 변할 수밖에 없다면 변화에 적극적으로 동참해야 한다. 숨 가쁘게 변하는 현실을 단지 무상이라고 알면 그만이다.

318. 마음이 이끈다

마음이 모든 것을 이끈다. 마음이 편치 않으면 모든 것이 불편하고 부당해 보인다. 마음이 편하면 어떤 것도 불편하지 않고 좋아 보인다. 탐욕이 충족되지 않으면 관대함이 없고 성냄이 일어난다. 관용이 충만하면 탐욕이 없고 자애가 일어난다.

어떤 마음가짐인가에 따라 행동이 다르고 과보가 다르다. 모든 것을 이끄는 마음은 누가 가져다주는 것이 아니고 스스로 선택한다. 어리석으면 선하지 못한 마음으로 선하지 못한 행동을 해서 선하지 못한 과보를 받아 불행하다.

지혜가 있으면 선한 마음으로 선한 행동을 해서 선한 과보를 받아 행복하다. 알아차림이 없는 마음은 어리석음으로 이끌고 알아차림이 있는 마음은 지혜로 이끈다.

319. 거짓말

나는 거짓말을 하지 않겠습니다. 거짓말은 진실이 아니기 때문입니다. 거짓을 진실처럼 말하면 자기도 거짓말에 속습니다. 자기를 속이는 것보다 더 어리석은 일은 없습니다. 남을 위해 거짓말을 하는 것도 남을 해롭게 하는 것입니다.

목전의 이익을 위해 거짓말을 하는 것은 오히려 진실한 이익을 놓치는 것입니다. 진실을 말해서 불이익을 당했다고 해도 불이익이 아닙니다. 오히려 더 큰 이익을 얻습니다. 진실이라는 이익을 얻기 때문입니다.

진실을 말해서 명예가 손상되었다고 해도 불명예가 아닙니다. 오히려 더 큰 이익을 얻습니다. 진실이라는 이익을 얻기 때문입니다. 진실만이 나를 자유롭게 하여 모든 괴로움에서 벗어나게 합니다.

320. 나는 있는가?

나는 있는가? 내가 있다면 나를 위해서 사는 일보다 더 중요한 일은 없다. 이런 견해로 인해 탐욕과 성냄과 어리석음을 가지고 산다. 인간은 내가 있지 않다는 견해를 가져본 적이 없다.

이런 견해로 인해 관용과 자애와 지혜를 갖기가 어렵다. 그래서 선한 마음보다 선하지 못한 마음의 지배를 받는다. 나의 진실을 알려면 몸과 마음을 알아차려야 한다. 몸과 마음은 있지만 매순간 조건에 의해 변하는 현상만 있다.

몸은 끊임없이 변하고 마음은 많은 생각들로 항상 혼란하다. 몸과 마음은 있지만 어떤 것도 내 마음대로 되지 않는다. 몸과 마음은 있지만 이것을 소유하는 자아가 없어 나는 없다. 나의 명성을 위해 집착하는 것은 어리석다.

321. 세간과 출세간

세간에서는 정의와 불의가 따로 없다. 승리와 패배가 일상의 일로 반복된다. 세간에서는 업이 작용하기 때문에 일어나고 사라지는 현상만 있다. 승리해도 패배의 길을 가고 패배해도 승리의 길을 간다.

세간은 내가 있기 때문에 객관적 기준보다 주관적 기준으로 판단해 어리석음에서 벗어나지 못한다. 힘이 있으면 정의고 힘이 없으면 불의가 될 수 있다. 정의와 불의도 업이 지배하기 때문에 영원하지 않다.

출세간에서는 모든 것을 있는 그대로 알아차려서 무상, 고, 무아의 성품을 안다. 성품을 알면 내가 없다는 것을 알아 집착이 끊어진다. 집착이 끊어지면 업이 소멸하여 일어남과 사라짐이 없다. 세간의 일에 걸리지 않는 것이 출세간이다.

322. 괴로움의 자각

나는 괴로움에 감사합니다. 괴로움이 나를 자각하게 하여 새로운 눈을 떴습니다. 괴로움이 있어서 왜 괴로운지 알았습니다. 괴로움의 원인은 어리석음과 탐욕이었습니다. 괴로움이 있어서 괴로움을 소멸시키는 방법을 알았습니다.

괴로움의 소멸은 괴로움을 있는 그대로 알아차릴 때만이 가능하다는 것을 알았습니다. 나를 눈뜨게 한 괴로움에 감사합니다. 괴로움에서 벗어날 수 있도록 한 법에 감사합니다. 괴로움에서 벗어난 것에 감사합니다.

괴로움이 없었다면 감각적 욕망의 노예로 살았을 것입니다. 하지만 아직 괴로움이 완전하게 소멸한 것은 아닙니다. 와서 보라고 나타난 괴로움을 계속 있는 그대로 알아차리겠습니다.

323. 부끄러움의 진실

부끄러움이 있어서 선한 사람입니다. 부끄러움을 모르면 선한 사람이 아닙니다. 동물은 부끄러움을 모릅니다. 부끄러움을 모르면 인간이 아닌 동물과 같습니다. 부끄러움을 모르면 도덕적인 품성이 없어 선하지 못한 사람입니다.

선하지 못하면 어리석고, 양심이 없고, 수치심이 없고, 들떠 있습니다. 여기에 탐욕과 성냄과 게으름과 의심까지 결합하면 더 어리석은 사람입니다. 선한 사람은 부끄러움이 있고 선하지 못한 사람은 부끄러움이 없습니다.

부끄러움이 없으면 자기의 고통뿐만 아니고 남에게도 고통을 줍니다. 부끄러움이 없는 것은 축적된 성향이라서 개선되지 않습니다. 자기 어리석음을 알아차려서 지혜가 날 때만이 개선됩니다.

324. 반등

바닥에 떨어졌을 때가 반등할 수 있는 기회다. 바닥에 떨어지지 않고서는 밑바닥의 비참함이 무엇인지 모른다. 바닥에 떨어졌다고 해서 반드시 반등할 수 있는 기회가 오는 것은 아니다. 바닥에 떨어진 마음가짐이 바를 때 반등의 조건이 성숙된다.

바닥에 떨어진 것을 억울해 하며 분노하거나 남의 탓으로 돌리면 반등의 조건이 성숙되지 않는다. 반등이란 어리석음에서 지혜로 가는 과정이다. 자기 몸과 마음을 있는 그대로 알아차려서 법을 통찰하지 않고서는 절대 지혜를 얻을 수 없다.

가장 불행한 사람이 가장 행복할 수 있는 기회를 가진다. 불행의 고통을 뼈저리게 알아차릴 때만 아만과 감각적 욕망을 소멸시킬 수 있어 반등의 기회가 온다.

325. 제3의 시각

세간에서는 이것이나 저것이나 두 가지 중의 하나다. 살거나 죽거나, 선하거나 악하거나 두 가지 중의 하나다. 이익과 손실, 명예와 불명예, 칭찬과 비난, 행복과 불행 두 가지 중의 하나다. 두 가지 중의 하나는 항상 하지 않고 이것저것으로 옮겨 다닌다.

이처럼 상황에 따라 계속 흐르는 것이 윤회다. 하지만 두 가지 중의 하나만 있는 것이 아니다. 이것도 저것도 아닌 제3의 시각이 있다. 이것도 저것도 아닌 중도가 있다. 살지도 죽지도 않는 윤회의 끝이 있다.

선하고 악한 것을 벗어나 작용만 하는 마음이 있다. 출세간은 대상을 있는 그대로 알아차려서 생긴 지혜로 어느 것에도 걸림이 없는 제3의 영역이라 양극단을 초월한다.

326. 고통

고통이 견디기 어렵더라도 싸워서는 안 된다. 싸워서 얻은 것은 결코 승리가 아니다. 고통은 와서 보라고 나타난 법이다. 법은 알아차릴 대상이며 진리다. 고통은 있는 그대로 알아차려야 한다. 고통에 저항하여 싸울수록 소멸되지 않고 더 커진다.

고통을 있는 그대로 알아차리면 고통을 극복하는 지혜가 나서 소멸한다. 고통은 과거의 원인으로 인해 생긴 현재의 결과다. 생길 수밖에 없는 불가피한 현상을 있는 그대로 알아차려서 받아들이는 것이 소멸로 가는 길이다.

고통을 받아들이지 못하는 것은 내가 고통스럽다고 느끼기 때문이다. 고통은 감각기관이 감각대상과 접촉해서 일어나는 순간의 느낌이다. 이것은 나의 느낌이 아니다.

327. 인간의 가치

인간은 몸과 마음이 있어서 산다. 몸이 있어서 마음이 있지만 인간을 이끄는 것은 마음이다. 인간은 마음, 업, 온도, 자양분이란 네 가지 조건이 성숙되어 태어난다. 몸은 마음을 담는 그릇으로 중요하지만 인간의 가치를 결정하는 것은 마음이다.

인간의 가치는 남자와 여자, 젊고 늙음, 아름답고 미움이 결정하지 않는다. 선한 마음, 도덕성, 지혜가 인간의 가치를 결정한다. 출신과 사회적 신분이 인간의 가치를 결정하지 않는다. 인간의 가치를 결정하는 마음은 비 물질이라서 추론적이다.

추론적인 마음을 알아차리려면 몸을 알아차려서 힘을 키워야 한다. 보이지 않는 마음에서 진실을 찾아야지 보이는 몸에서만 진실을 찾아서는 안 된다.

328. 덫에 걸린 동물

덫에 걸린 동물은 죽음에 대한 공포로 피맺힌 절규를 한다. 하지만 덫에 걸리면 죽음 외에 다른 길이 없다. 극한 상황에서 벗어나려고 몸부림을 치지만 몸은 점점 감각을 잃고 마음은 희미해진다. 두려움에 팔딱거리던 호흡이 차츰 가늘어지고 결국 눈물을 흘리며 숨을 거둔다.

나는 덫에 걸린 동물이다. 나는 어리석어서 온갖 감각적 욕망을 탐닉하다 내가 만든 덫에 걸려 서서히 죽어간다. 탐욕에 눈이 멀었을 때 가슴에서 호흡을 알아차려보라. 화를 낼 때 가슴에서 호흡을 알아차려보라.

그러면 덫에 걸린 동물이 두려움에 떨며 팔딱거리는 것과 같은 호흡을 발견할 것이다. 과연 이런 내가 덫에 걸린 동물이 아니라고 말할 수 있겠는가?

329. 위험

위험은 항상 도사리고 있다. 누구도 자신의 안전을 완전하게 보장할 수 없다. 미래는 불확실하여 언제 어디서 어떤 위험이 닥칠지 모른다. 없는 위험을 두려워해서도 안 되지만 닥쳐올지 모를 위험에 방심해서도 안 된다.

없는 위험에 대해 조바심을 내면 스스로 위험을 투사해서 그대로 되도록 한다. 위험에 방심하면 어리석음과 욕망과 게으름에 빠져 스스로 위험을 불러들인다. 좋은 일에는 욕망의 함정이 입을 벌리고 기다리고 있다.

나쁜 일에는 분노의 함정이 입을 벌리고 기다리고 있다. 하고 있는 일에 집중하지 못하고 생각에 빠지면 항상 위험이 따른다. 무슨 일이나 있는 그대로 알아차리면 마음이 청정해져 위험에서 벗어날 수 있다.

330. 남이 주지 않은 것

남이 주지 않은 것을 갖지 않겠습니다. 남이 주지 않은 것을 갖는 것은 도둑질입니다. 도둑질을 해서 얻는 것은 이익이 아니고 정신이 타락하여 큰 손실을 입는 것입니다. 남의 것을 훔치면 그만큼의 나쁜 과보를 받습니다.

하물며 힘이 있다고 남의 것을 빼앗는다면 더 나쁜 과보를 받습니다. 적정한 이윤보다 정도를 넘는 폭리를 추구하는 것도 남을 속이는 일입니다. 내가 얻은 물질은 나의 것이 아닙니다. 물질을 소유하는 자아는 없습니다.

물질이 많을수록 오만해지고 독선에 빠져 어리석은 행동을 합니다. 인간의 행복은 물질에 있지 않습니다. 남의 것을 훔치는 노력보다 남을 위해 베푸는 노력을 할 때 고귀한 인간이 되어 행복합니다.

331. 출세간의 성공

출세간의 성공을 위해서는 목표만 있어서는 안 된다. 목표를 성취하려면 목표에 걸림이 없는 실천이 따라야 한다. 목표를 집착하는 순간 몸과 마음이 긴장하여 목표에 역행한다. 목표는 있으되 마음은 현재로 와서 하고 있는 일을 알아차려야 한다.

목표는 희망이며 믿음이고 목표를 위해서 필요한 것은 과정이다. 출세간을 향해서 가는 과정은 현재의 몸과 마음을 알아차리는 것이다. 목표를 향해서 가는 과정이 바르지 못하면 바른 결과를 얻을 수 없다.

목표에 함몰하면 과정을 무시하여 결코 좋은 결과를 얻을 수 없다. 출세간의 성공은 오직 몸과 마음의 성품인 무상, 고, 무아를 알아 집착을 끊고 괴로움뿐인 윤회에서 벗어나는 것이다.

332. 시간의 진실

시간의 늦고 빠름으로 이익을 평가하는 것은 위험하다. 시간을 단축해서 이익이 될 수 있는 일도 있지만 시간을 단축하는 것이 손실이 될 수도 있다. 특히 욕망으로 시간을 단축하려면 나쁜 결과가 생긴다.

모든 일의 본질은 시간에 있지 않고 완성도에 있다. 경주에서는 빠른 것이 필요하겠지만 인생에서는 빠른 것이 졸속한 행위가 될 수 있다. 인생은 경주가 아니다. 인간은 자신이 하는 일에서 진실을 찾는 것에 가치를 두어야 한다.

빨리 얻으려고 달려가면 하는 일이 부실해서 돌이킬 수 없는 과오를 범한다. 이번 생은 한번밖에 살지 않으므로 지나간 일을 돌이킬 수 없다. 시간이 욕망과 결합해서 이루어지는 일은 어리석음밖에 없다.

333. 살생

나는 살아있는 생명을 죽이지 않습니다. 모든 생명은 살기 위해서 태어났습니다. 나는 다른 생명을 죽일 권리를 부여받지 않았습니다. 내가 다른 생명을 존중할 때 나도 다른 생명으로부터 존중받습니다.

다른 생명을 죽이지 않는 것은 자신의 생명에 대한 존귀함을 가지고 있기 때문입니다. 내가 살기 위한 수단으로 다른 생명을 죽인다고 해도 과보에서 벗어날 수 없습니다. 다른 생명을 죽일 때의 마음은 잔인합니다.

이 과보로 죽으면 지옥에 태어납니다. 살생의 과보로 인해 나의 수명이 짧습니다. 살면서 몸과 마음에 병이 많습니다. 다른 생명을 죽여서 상대의 짝과 헤어지게 했다면 나도 사랑하는 배우자와 헤어지는 슬픔을 겪습니다.

334. 의도

하고 싶다고 해서 무조건 하면 감각적 욕망으로 한다. 감각적 욕망으로 하는 행위는 연기를 회전시켜 괴로운 결과가 따른다. 습관적으로 하면 어리석음으로 한다. 어리석음으로 하는 행위는 윤회의 괴로움이 따른다.

모든 일은 앞선 의도가 원인이고 행위는 결과다. 의도가 있는 행위가 업이다. 업은 반드시 지은 대로 받는다. 무슨 일이나 어떤 의도를 가지고 하는지 알아차려야 한다. 이 의도가 나에게 해를 끼치지 않는가 알아차려야 한다.

이 의도가 남에게 해를 끼치지 않는가 알아차려야 한다. 나와 남에게 해를 끼치는 일은 나와 남을 불행으로 이끈다. 불행은 어리석은 자가 즐기는 자산이고 행복은 지혜가 있는 자가 누리는 자산이다.

335. 살자고 하는 일

어리석으면 살자고 하는 일이 죽는 일이 된다. 누구나 태어났으면 죽어야 하지만 어리석으면 죽은 뒤에 다시 태어나서 또 죽어야 한다. 인간으로 태어나서 즐거운 순간도 있지만 항상 만족하지 못하고 산다.

다시 태어나서 또 죽는 것보다 더 어리석고 괴로운 일은 없다. 어리석어서 욕망을 집착하면 영원히 괴로움에서 벗어나지 못한다. 어리석으면 즐거움을 바라고 하는 일이 모두 괴로움이라는 것을 모른다.

지혜가 있으면 즐거움이 괴로움을 일으키는 원인이라고 알아 욕망에 대한 집착이 사라진다. 지혜가 있으면 살자고 하는 일이 모두 죽지 않는 일로 바뀐다. 욕망이 끊어져 다시 태어나 죽지 않으면 이별의 슬픈 눈물을 흘리지 않는다.

336. 어리석음

자기가 어리석은지 알기가 어렵다. 어리석은지 아는 것이 지혜다. 어리석음은 의식의 깊은 층에 있어서 잘 드러나지 않는다. 어리석음은 모르는 마음으로 탐욕과 성냄이 함께 있다. 지혜는 아는 마음으로 관용과 자애가 함께 있다.

어리석음은 선하지 못한 마음으로 양심 없음과 수치심 없음과 들뜸이 함께 있다. 지혜는 선한 마음으로 믿음과 알아차림과 중도가 함께 있다. 어리석으면 내가 있다는 유신견과, 모든 것이 항상 하다는 상견과, 이번 생으로 끝이라는 단견을 갖는다.

어리석은 마음에서 지혜가 있는 마음이 되려면 몸과 마음을 있는 그대로 알아차려야 한다. 존재의 성품인 무상, 고, 무아의 지혜가 날 때 어리석음이 소멸한다.

337. 행복의 조건

대상을 있는 그대로 알아차리는 수행자는 자신을 죄인이라고 생각하지 않는다. 자신을 선택된 사람이라고 생각하지도 않는다. 그러므로 자신에 대해 열등의식을 갖지 않는다. 특별한 사람이라고 우월감을 갖지도 않는다.

다만 과거의 원인으로 현재의 결과가 생겼으며 현재의 원인으로 미래의 결과가 생긴다고 안다. 인간의 삶이 원인과 결과로 연속된다는 것을 알면 현재 새로운 선한 원인을 만들어 현재도 행복하고 미래도 행복하다.

대상을 있는 그대로 알아차리는 수행자는 지나간 과거의 일을 후회하지 않는다. 오지 않은 미래의 일을 두려워하지도 않는다. 현재의 몸과 마음을 알아차릴 때만이 마음이 청정하여 행복의 조건이 성숙한다.

옹달샘

12

내 마음

내 마음을 편안하게 하는 것도 자신이고
내 마음을 불편하게 하는 것도 자신이다.
무엇이나 너그럽게 받아들이면 내 마음이 편안하다.
무엇도 받아들이지 못하고 싫어하면 내 마음이 편안하지 못하다.
내 마음이 편안한 것보다 더 이익이 되는 것은 없다.

338. 목표와 속도

목표가 맹목적이면 욕망이 일어난다. 욕망이 일어나면 집착을 한다. 집착을 하면 속도가 생긴다. 속도가 생기면 속도에 함몰된다. 속도에 함몰되면 목표는 실종되고 속도만 남는다. 오직 속도만 있으면 마음이 들떠 온갖 위험이 따른다.

들떠 있을 때는 평정한 마음이 없어 보고도 보지 못한다. 속도를 즐겨 상황을 살피지 않으면 나만 있고 남을 배려하지 못해 잃는 것이 생긴다. 목표를 선별해서 선택하면 바른 의도가 일어난다. 바른 의도가 일어나면 집착을 하지 않아 알맞은 속도로 간다.

알맞은 속도로 갈 때 대상에 온전하게 집중하여 바른 결과를 얻을 수 있다. 어리석으면 맹목적이고 지혜가 있으면 선별적으로 선택하여 괴로움이 없다.

339. 나

좋아하고 싫어하는 것에는 반드시 내가 있다. 내가 없으면 좋아하고 싫어하지 않는다. 좋아하고 싫어하는 것에는 가속도가 있다. 내가 있어서 좋아할 때 더 좋아한다. 내가 있어서 싫어할 때 더 싫어한다. 좋아하고 싫어하는 것은 괴로움이다.

무아의 지혜가 나면 좋아하고 싫어하지 않아 괴로움이 없다. 좋아하고 싫어하는 것이 욕망으로 발전하여 집착을 하면 새로 태어나는 결과를 만든다. 좋아하고 싫어하지 않으면 욕망이 없어 집착을 하지 않아 새로 태어나는 결과가 없다.

세속에서는 좋아하고 싫어하는 것만 있어 끝없는 윤회를 계속한다. 출세간에서는 대상을 있는 그대로 알아차려서 좋아하고 싫어하지 않아 괴로움뿐인 윤회가 끝난다.

340. 불행에서 행복으로

인간의 삶은 과거의 원인이 현재의 결과로 진행되어 상당 부분 예정되어 있다. 과거에 선한 행위를 했거나 선하지 못한 행위를 했거나 그에 따른 과보를 받는다. 과보의 시기는 현재가 될 수 있고 미래가 될 수 있다.

누구나 지은 대로 받기 때문에 사람들이 평등하지 못한 것은 당연한 일이다. 하지만 존재계의 생명 중에 인간만 예정되어 있는 삶에서 벗어날 수 있다. 불행을 알아차려서 선한 원인을 만들면 예정되어 있지 않은 행복을 얻는다.

행복을 알아차리지 못해 선하지 못한 원인을 만들면 예정되어 있지 않은 불행이 닥친다. 불행은 행복으로 반전시킬 수 있는 기회다. 자기 잘못을 알아차리면 가장 불행한 사람이 가장 행복할 수 있다.

341. 와서 보라

괴로움은 나를 괴롭히기 위해서 나타난 것이 아니다. 여기 괴로움이 있으니 와서 보라고 나타났다. 와서 보라고 나타난 괴로움을 있는 그대로 알아차리면 괴로움은 단지 순간의 느낌일 뿐이다. 순간의 느낌은 나의 것이 아니고 감각기관이 느끼는 것이다.

감각기관의 느낌은 내가 소유할 수 없고 단지 일어나고 사라지는 연속적 현상에 불과하다. 와서 보라고 나타난 괴로움을 알아차리지 못하면 괴로움의 늪에 빠져 소멸하는 출구를 찾지 못한다.

와서 보라고 나타난 괴로움을 나의 괴로움이라고 알면 영원히 괴로움의 노예로 산다. 무상을 영원으로, 괴로움을 즐거움으로, 무아를 자아로, 더러움을 깨끗함으로 알면 어리석어서 갈 길을 모른다.

342. 내 마음

내 마음이 남의 마음과 같기를 바라지 마라. 남의 마음이 내 마음과 같기를 바라지도 마라. 누구나 마음을 가지고 있지만 내 마음대로 할 수 없다. 서로의 마음이 같기를 바라는 것은 단지 나의 바람이다.

마음은 조건에 의해 일어나고 사라지는 연속적 흐름만 있다. 어느 때의 마음을 내 마음이라고 할 수 없다. 서로의 이익을 위해 남과 같은 마음을 가질 수 있어도 이해가 다르면 마음이 순식간에 변한다.

마음은 과거의 행위로 인해서 생긴 과보의 마음이 그림자처럼 따라 다녀서 항상 변한다. 마음은 현재의 조건에 따라 끊임없이 변하므로 같은 마음이 아니다. 무아의 진실을 알 때만 마음으로 인해서 생기는 온갖 고통을 겪지 않는다.

343. 시작과 끝

시작이 있으면 끝이 있다. 모든 것은 일어나서 사라진다. 인간은 태어나서 죽는다. 생성된 것은 반드시 소멸한다. 이 세상에 변하지 않는 것은 없다. 어리석음과 욕망을 가지고 태어난 인간은 어리석음과 욕망을 가지고 죽는다.

어리석음과 욕망을 가지고 죽는 생명은 어리석음과 욕망을 가지고 다시 태어나서 같은 죽음을 반복한다. 어리석음과 욕망을 가지고 태어났지만 대상을 있는 그대로 알아차려서 무상, 고, 무아를 알면 지혜를 가지고 죽는다.

지혜를 가지고 죽으면 다시 태어나지 않아 같은 죽음을 반복하지 않는다. 태어나고 죽는 것은 괴로움이다. 괴로움을 법으로 알아차리지 못하면 영원히 괴로움의 노예에서 해방되지 못한다.

344. 법의 진실

몸과 마음을 있는 그대로 알아차리면 단계적인 과정의 지혜가 성숙한다. 먼저 모든 것이 덧없음을 알 때 무상의 지혜가 난다. 몸과 마음이 변한다는 진실을 알면 괴로움이 생긴다. 이 괴로움은 더 깊은 진실을 알기 위한 영약이다.

괴로움을 법으로 알아차리지 못하고 괴로움에 함몰되면 결코 괴로움에서 벗어나지 못한다. 괴로움을 피하지 않고 있는 그대로 알아차리면 괴로움이 오히려 해탈을 향해서 가는 길이 된다.

하지만 괴로움을 해결하기 위해 부단히 노력해도 괴로움을 해결할 수 없다. 이때 모든 괴로움이 자아가 있기 때문이라고 알면 무아의 지혜가 성숙한다. 무아의 지혜가 나야 끈질긴 번뇌로부터 벗어나 해탈의 자유를 얻는다.

345. 선심(善心)도 대상이다

선심은 관용과 자애와 지혜다. 관용이 일어나면 관용이 있는 것을 알아차려야 한다. 관용을 알아차리지 못하면 내가 관용을 가졌다는 아만심이 생겨 관용이 오염된다. 자애가 일어나면 자애가 있는 것을 알아차려야 한다.

자애를 알아차리지 못하면 내가 자애를 가졌다는 아만심이 생겨 자애가 오염된다. 지혜가 일어나면 지혜가 난 것을 알아차려야 한다. 지혜를 알아차리지 못하면 내가 지혜를 가졌다는 아만심이 생겨 지혜가 오염된다.

선심이 일어났을 때 있는 그대로 알아차리지 못하면 내가 선심을 가졌다는 아만심이 생겨 선심이 빛을 잃고 오염된다. 선심에 자아가 생기면 선심이 훼손되므로 선심도 하나의 대상으로 알아차려야 한다.

346. 죽음과 소멸

태어나서 죽는 것과 태어나서 소멸하는 것은 다르다. 태어나서 죽으면 다시 태어나서 다시 죽는다. 이것이 끝없이 계속되는 윤회다. 태어나서 번뇌가 소멸하면 다시 태어나지 않아 다시 죽지 않는다. 이것이 윤회의 끝이다.

태어나서 죽을 때의 마음에 무명과 갈애가 있으면 무명과 갈애를 원인으로 다시 태어나는 결과가 생긴다. 태어나서 죽을 때의 마음에 무명과 갈애가 소멸하면 다시 태어날 원인이 사라져 태어나는 결과가 없다.

어리석으면 괴로움뿐인 윤회의 사슬에서 영원히 벗어나지 못한다. 지혜가 있으면 무명과 갈애가 소멸하여 윤회의 사슬에서 벗어난다. 자기를 속박하고 있는 괴로움에서 벗어나는 것보다 더 중요한 일은 없다.

347. 듣기

남이 말하면 들어야 한다. 남의 말을 듣지 않으면 말할 자격이 없다. 자기 말만하면 옳은 말도 독선에 빠질 위험이 있다. 남이 말하면 알아차려야 한다. 남의 말을 듣고 즉시 옳거나 그르다고 판단해서는 안 된다.

옳거나 그르다고 판단하는 것은 내 기준이다. 자기 기준만 있으면 좋은 것은 집착하고 싫으면 거부한다. 상대의 말을 거부하면 상대와 싸우거나 비난을 한다. 남의 말을 있는 그대로 들어야 한다. 그러면 남이 어떤 입장과 의도에서 말하고 있는지를 아는 객관적 시각이 생긴다.

있는 그대로 알아차린 뒤에 어떤 말이 옳고 그른지를 판단해야 한다. 남의 말을 판단하기 위해서 듣지 말고 있는 그대로 알기 위해서 들어야 한다.

348. 믿음

수행은 믿음을 가지고 시작해야 한다. 믿음이 없으면 노력하지 않고, 노력하지 않으면 알아차릴 수 없다. 알아차리지 않으면 집중이 되지 않고, 집중이 되지 않으면 지혜가 나지 않는다. 지혜가 나지 않으면 어리석어서 영원히 괴로움에서 벗어나지 못한다.

믿음은 선업의 공덕이 있어야 생긴다. 믿음은 맹목적인 믿음이 있고, 확신에 찬 믿음이 있다. 맹목적인 믿음을 가지고 알면 진실을 몰라 믿음이 항상 하지 않고 변한다. 확신에 찬 믿음을 가지고 알면 진실을 알아 믿음이 변하지 않는다.

무조건 믿고 나서 알면 잘못된 견해가 생겨 믿음이 변한다. 대상을 있는 그대로 알아차려서 생긴 믿음으로 알면 지혜가 나서 믿음이 변하지 않는다.

349. 진정한 개선

바꾸려고 하지 마라. 무엇이나 대상으로 알아차려라. 알아차릴 때는 있는 그대로 알아차리고 말아야 한다. 바꾸려고 하는 것이 탐욕이다. 탐욕으로 하는 일이 성취되지 않으면 성냄이 일어나 어리석음에 빠진다.

욕망으로 하는 일은 바뀌지 않고 반작용의 결과가 있다. 설령 바뀌었다고 해도 문제가 잠복해 있다. 자기 힘이 미칠 수 있는 자신의 문제라도 바꾸기 어렵다. 하물며 남을 바꾼다는 것은 더 어렵다.

축적된 성향은 바뀌지 않는다. 단지 있는 그대로 알아차려서 아는 힘을 키워야 한다. 아는 힘이 커져 지혜가 나면 스스로 걸리지 않아 자연히 문제가 소멸된다. 무슨 일이나 작용에 대한 반작용이 일어나면 근본적인 치유가 어렵다.

350. 진실

진실은 지금 여기에 있어도 바른 자에게만 드러난다. 진실이 지금 여기에 있어도 바르지 못한 자에게는 드러나지 않는다. 진실은 참된 자에게는 환영을 받는다. 진실은 거짓이 있는 자에게는 조롱을 받는다.

바르게 살려는 의지를 가진 자는 진실을 목말라 한다. 바르게 살려는 의지를 갖지 않은 자는 진실을 경멸한다. 바른 세상에서는 진실이 자신을 가장 안전하게 보호한다. 바르지 못한 세상에서는 진실이 자신에게 가장 위험한 요소다.

진실한 자는 대상을 있는 그대로 알아차려서 무상, 고, 무아를 알아 모든 집착을 여의고 완전한 자유를 얻는다. 진실하지 못한 자는 대상을 이기적 욕망으로 대해 스스로를 구속하여 자유를 얻지 못한다.

351. 괴로움의 진리

괴로움이 있는 것을 아는 것은 진리를 아는 것이다. 괴로움의 진리는 지혜를 얻은 성자가 되어야 알 수 있다. 괴로울 때 괴롭지 않으려고 하는 것과 괴로움을 대상으로 알아차려서 괴로움의 진실을 아는 것은 다르다.

괴로워서 고통을 느낄 때 괴로워하는 것을 알아차리면 괴로움이 하나의 법이다. 괴로움을 법으로 알아차릴 때만 괴로움이 소멸한다. 괴로움이 있는 것을 아는 성스러운 진리는 수행이 존재해야 하는 이유다.

괴로움을 있는 그대로 알아차릴 때만이 괴로움과 분리되어 괴로움의 원인을 발견할 수 있다. 괴로움의 원인이 집착이라는 것을 아는 것은 진리를 아는 것이다. 괴로움과 집착을 알아차려야 괴로움이 완전히 소멸한다.

352. 바라는 대로 되지 않는다

만나고 싶은 사람만 만나며 살 수 없다. 만나고 싶지 않은 사람도 만나며 살아야 한다. 헤어지고 싶지 않아도 어쩔 수 없이 헤어져야 한다. 헤어지고 싶어도 불가피 헤어지지 못한다. 원하는 것만 얻으며 살 수 없다.

원하지 않는 것 속에 원하는 것이 포함되어 있다. 좋은 일에는 좋지 않은 일이 섞여 있다. 이처럼 서로 혼재되어 있는 현실을 얼마나 있는 그대로 받아들이는가에 따라 괴로움의 차이가 다르다. 모든 것을 마음대로 하고 살 수 없다.

만약 마음대로 하고 산다면 어리석음에 눈이 멀어 가장 교만한 삶을 살 것이다. 바라는 대로 되지 않아서 생기는 괴로움을 있는 그대로 알아차리면 오히려 지혜의 눈을 떠 자유를 얻는다.

353. 출세간의 답

지금 괴롭습니까? 무엇이 괴롭습니까? 내 마음대로 되지 않아서 괴롭습니다. 부당한 일에 맞서 정의를 가지고 노력해도 나의 정의지 세상의 정의는 아닙니다. 세상은 선한 사람도 있고 선하지 못한 사람도 있습니다.

또 모두 자기 이익에 매달려 눈이 멀었습니다. 사소한 이익에도 목숨을 거는 세상에서 완전한 정의를 구현하기는 어렵습니다. 세속은 저마다의 업이 작용하기 때문에 내 마음대로 되지 않습니다.

그렇다고 내가 방관자로 살 수는 없습니다. 이런 나에게 출세간의 문이 열려있습니다. 세속에는 답이 없지만 출세간에는 답이 있습니다. 어떤 대상이나 있는 그대로 알아차려서 자기를 청정하게 하는 것이 출세간의 답입니다.

354. 선한 의도

무슨 일이나 잘하려고 하지 마라. 그냥 필요해서 해야 한다. 잘하려는 것이 지나치면 욕망으로 한다. 욕망으로 하면 어떤 결과도 만족하지 못한다. 욕망으로 하는 일은 감사함이 없다. 선한 의도로 하는 일도 열정이 지나치면 욕망으로 하여 집착을 한다.

집착은 떼려고 해도 뗄 수 없는 형벌이다. 선한 일도 집착을 해서 안 되는데 하물며 선하지 못한 일은 더욱 집착해서는 안 된다. 무슨 일을 할 때 먼저 하려는 마음을 알아차려야 한다. 그러면 욕망이 아닌 순수한 의도를 가지고 할 수 있다.

단지 필요해서 하는 의도를 가지고 할 때만이 어떤 결과에도 연연하지 않는다. 하려는 의도에 욕망이 붙으면 어떤 결과도 만족하지 못해 불행하다.

355. 아픔

아파서 아프지 않은 것의 소중함을 안다. 아프지 않을 때는 아픔의 고통을 알지 못한다. 아픔이 없었다면 아프지 않은 것에 감사할 줄 모른다. 아픔은 나를 괴롭히기 위해 나타난 것이 아니고 와서 보라고 나타났다.

아픔을 있는 그대로 알아차리면 단지 하나의 현상일 뿐이다. 아픔은 저절로 생긴 것이 아니고 원인이 있어서 생긴 결과다. 모든 아픔은 균형이 무너져서 생긴 결과다. 좋을 때 좋은 것을 집착해서 무리하면 좋지 않은 결과가 생긴다.

몸이 아플 때 마음까지 아프지 말아야 한다. 아픈 것은 몸인데 마음까지 아픈 것은 내 몸이라고 여겨 더욱 키운 것이다. 괴로워야 즐거움의 소중함을 안다. 즐거울 때는 괴로움을 알지 못한다.

356. 내 마음

내 마음을 편안하게 하는 것도 자신이고 내 마음을 불편하게 하는 것도 자신이다. 무엇이나 너그럽게 받아들이면 내 마음이 편안하다. 무엇도 받아들이지 못하고 싫어하면 내 마음이 편안하지 못하다. 내 마음이 편안한 것보다 더 이익이 되는 것은 없다.

내 마음이 편안하면 관대한 마음이 생겨 다른 사람에게 베풀게 된다. 그러면 내 마음이 편안해서 이익이 있고 남에게 베풀어서 생기는 공덕의 이익이 있다. 내 마음이 불편하면 싫어하는 마음이 생겨 다른 사람에게 인색하다.

그러면 내 마음이 편안하지 못해서 불이익이 있고 남에게 인색하게 굴어서 나쁜 업의 과보를 받는다. 내 마음이 편안하면 자연스럽게 남의 마음도 편안하게 해준다.

357. 불평등

사람 위에 사람 없고 사람 아래 사람 없다. 모든 인간은 평등하다. 평등은 모든 생명 중에서 인간이 추구하는 가장 고귀한 이상이다. 하지만 실재의 인간은 불평등하다. 그래서 사람 위에 사람 있고 사람 아래 사람 있다.

인간의 불평등은 저마다 가지고 있는 유전적 요인과 환경이 주는 영향이 있다. 또 자기가 한 행위에 대한 과보의 영향을 받아 성별, 용모, 가문, 지위, 수명, 빈부, 능력, 어리석음과 지혜가 다르다. 불평등을 평등으로 바꾸는 것은 자신의 노력으로 얻는 결실이다.

이러한 노력의 시작은 인간의 불평등은 원인이 있어서 생긴 결과로 아는 것이다. 행복과 불행은 자신의 책임이다. 인간은 자신의 운명을 결정하는 창조자다.

358. 바른 법

바른 것을 집착해서는 안 된다. 바른 것은 당연한 것이다. 바른 것을 집착하면 바르지 않은 것을 배척하여 바른 것의 본질이 변한다. 하물며 바르지 않은 것은 더 말할 나위 없다. 바른 것을 선택하거나 바르지 않은 것을 선택하지 않는 일은 모두 알아차림이 필요하다.

바른 것도 알아차릴 대상이며 바르지 않은 것도 알아차릴 대상이다. 무엇은 필요해서 집착하고 무엇은 필요하지 않아서 배척하면 양극단에 빠진다. 어떤 것을 선택하거나 자연스러움이 있어야 한다. 그렇지 않으면 덫에 걸린다.

인간은 바른 일만 하면서 살 수 없어 잘못된 것도 대상으로 알아차려야 한다. 옳고 그름만 따지면 중도가 되지 못해 지혜가 나지 않는다.

359. 허리 병

스승께서 위빠사나 수행자는 허리 병 환자처럼 행동하라고 말씀하셨다. 그간 말로만 듣던 허리 병이 실감이 나지 않았는데 허리가 아프고 보니 스승의 말씀이 새롭다. 말로 들었을 때는 실천이 어려웠는데 실제로 허리가 아프고 나니 천천히 움직이지 않을 수 없다.

몸을 조심스럽게 움직이니 전에 경험하지 못한 느림의 미학을 발견하였다. 빠르게 움직일 때는 알아차리기가 어려웠던 의도가 보인다. 천천히 움직이려는 의도가 일어나고 다음에 몸을 천천히 움직인다.

의도와 움직임을 알아차리니 허리가 아픈 불편은 사라지고 오히려 평온함이 있다. 허리 병은 와서 보라고 나타난 것임을 실감한다. 아픔이 나를 고요한 세계로 이끈다.

360. 양심과 수치심

양심이 있고 수치심이 있으면 선한 마음을 가진 자다. 양심이 있으면 부끄러운 줄 알고 수치심이 있으면 두려운 줄 안다. 부끄러운 줄 알아 선행을 하고 겸손하다. 두려워할 줄 알아 선행을 하고 도덕적이다. 두려움이란 악업에 대한 두려움이다.

양심이 없고 수치심이 없으면 선하지 못한 마음을 가진 자다. 양심이 없으면 부끄러운 줄 모르고 수치심이 없으면 두려워할 줄 모른다. 부끄러운 줄 모르기 때문에 악행을 하고 남에게 고통을 준다.

두려워할 줄 모르기 때문에 악행을 하고 도덕적이지 못하다. 양심이 있고 수치심이 있으면 지혜를 가진 자로 삶을 풍요하게 산다. 양심이 없고 수치심이 없으면 어리석은 자로 삶을 척박하게 산다.

361. 개혁

사회를 개혁을 한다고 해서 잘못된 잔재가 완전하게 소멸되지 않는다. 개혁의 대상은 밖에 있지 않고 구성원의 마음이다. 인간의 잔재는 축적된 성향이라 바꾸기 어렵다. 생각은 개혁을 추구하지만 습관은 여전히 과거를 답습한다.

개혁이 어려운 것은 자기 습관을 바꾸기 어렵기 때문이다. 완전한 개혁을 이루려면 끊임없이 알아차려서 새로운 습관을 길들여야 한다. 개혁을 하려는 마음이 욕망일수록 실패한다. 남아 있는 잔재가 더욱 견고한 성을 쌓기 때문이다.

개혁을 할 수 있는 유일한 길은 자기 내면을 있는 그대로 알아차리는 것이다. 모든 대상을 있는 그대로 알아차려서 생긴 고요함이 꿰뚫어 아는 지혜가 될 때 개혁이 가능하다.

362. 나의 적

나의 적은 남이 아니다. 내 안에 있는 선하지 못한 마음이다. 나의 적은 지칠 줄 모르는 내 욕망이다. 나의 적은 불같이 일어나는 내 성냄이다. 나의 적은 눈이 먼 내 어리석음이다. 나의 적은 나를 괴롭히는 남이 아니다. 나를 괴롭히는 남을 미워하는 내 마음이다.

내가 바꿀 수 없는 대상을 적으로 삼아서는 안 된다. 바꿀 수 있는 대상을 적으로 삼아야 한다. 상대의 마음은 바꿀 수 없지만 내 마음은 바꿀 수 있다. 바꿀 수 없는 대상을 적으로 삼으면 영원히 속박에서 벗어나지 못한다.

바꿀 수 있는 대상을 적으로 삼아야 속박에서 벗어난다. 적은 오직 있는 그대로 알아차릴 때만이 소멸한다. 나의 적이 사회의 적이고 인류의 적이다.

363. 인연(因緣)

인연은 원인과 결과다. 사람은 인연이 있어서 만나고 인연이 다하면 헤어진다. 사람이 만나고 헤어지지 않고 마음이 만나고 헤어진다. 마음이 만나고 헤어지지 않고 인연이 만나고 헤어진다. 인연으로 만난 것을 괴로워하지 말고 떠난 것을 슬퍼하지 마라.

인연은 조건이 있어 선하고 악하며, 양이 있어 길고 짧으며, 질이 있어 좋고 나쁨이 있다. 좋은 인연으로 만나서 좋은 인연으로 헤어지기도 하고 나쁜 인연으로 헤어지기도 한다. 나쁜 인연으로 만나서 나쁜 인연으로 헤어지기도 하고 좋은 인연으로 헤어지기도 한다.

어리석으면 악한 인연의 지배를 받아 운명에 순종한다. 지혜가 있으면 새로 선한 인연을 만들어 자기 인생을 개척한다.

364. 거짓말의 조건

거짓말은 네 가지 조건이 성숙되어야 한다. 첫째, 사실이 아닌 것. 둘째, 남을 속이려는 의도가 있는 것. 셋째, 남을 속이는 말을 하는 것. 넷째, 실제로 남이 속이는 것이다. 거짓말은 반드시 악업의 과보가 뒤따른다.

거짓말의 과보는 남에게 모욕적인 말을 듣고 모략을 받고 남이 불신하며 죽으면 악처에 떨어진다. 거짓말을 하는 자는 거짓이 진실이고 진실이 거짓이다. 거짓말로 얻은 이익은 큰 손실이다. 자기가 얻은 물질적 정신적 이익은 자신이 소유할 수 없다.

누구나 잘못할 수 있다. 잘못을 시인하면 오히려 더 많은 것을 얻는다. 잘못을 호도하려고 거짓말을 하면 인간으로 태어난 사명을 다하지 못하고 멸시를 받으며 비참하게 산다.

365. 가치

가치가 없는 사람은 가치를 모른다. 가치를 모르는 사람은 가치를 만들지 못한다. 가치는 남이 만들어주지 않고 자신이 만든다. 출생신분이 가치를 결정하지 않는다. 사회적 지위나 재산이 가치를 결정하지 않는다. 아름답고 추한 얼굴이 인간의 가치를 결정하지 않는다.

오직 대상을 있는 그대로 알아차려서 생긴 통찰지혜가 인간의 가치를 결정한다. 가치가 없는 사람은 탐욕으로 집착을 하며 항상 화를 잘 내고 언제나 어리석음으로 판단한다.

가치가 있는 사람은 무슨 일이나 관대하게 받아들이고 따뜻한 자애를 가지고 모든 것을 포근하게 감싸 안고 언제나 지혜로 판단한다. 가치가 없는 사람은 어리석어서 괴로움에서 벗어날 줄 모른다.

366. 바람이 지나간 자리

새로운 것을 담으려면 있던 것을 비워야 한다. 희망을 가지려면 절망을 이겨내야 한다. 분노가 있으면 사랑이 없다. 슬픔이 있으면 기쁨이 없다. 분노가 계속되면 분노를 즐긴다. 슬픔이 계속되면 슬픔을 즐긴다.

이제 남의 잘못도 나의 잘못도, 모두 어리석어서 생긴 일로 받아들여야 한다. 과거는 사라졌지만 내가 기억하여 떠나지 못하게 한다. 과거를 집착하면 현재를 맞이할 수 없다. 밝은 현재가 없으면 새로운 미래가 없다.

그간 내게 고통을 준 사람도 모두 용서해야 한다. 상대가 몰라서 그랬고 나도 몰라서 미워했다. 미움은 욕망이 가져온 결과로 나를 병들게 한다. 이제 바람이 지나간 자리에 파릇한 새싹이 돋아나도록 해야 한다.

위빠사나문고 **옹달샘 8**

방황하는 자

2017년 1월 10일 1판 1쇄 인쇄
2017년 1월 16일 1판 1쇄 발행

지은이 | 묘원
펴낸이 | 곽준
디자인 | (주)아이나래(010-5399-8944)

펴낸곳 | (주)도서출판 행복한 숲
등 록 | 2004년 2월 10일 제16-3243호
주 소 | 서울시 강남구 논현동 98-12 청호불교문화원 나동 306호
전 화 | 02-512-5255, 512-5258
팩 스 | 02-512-5856
이메일 | sukha5255@hanmail.net
카 페 | cafe.daum.net/vipassanacenter

ISBN 978-89-93613-46-9
값 10,000원